Le régime
thyroïde

IG

index glycémique

CAR
ACT
ÈRE

Conception de la couverture : Geneviève Laforest
Photos de la couverture : shutterstock.com
Correction d'épreuves et adaptation : Violaine Ducharme

Imprimé au Canada

ISBN : 978-2-89642-635-5

Dépôt légal – Bibliothèque et Archives nationales du Québec, 2012
© 2012 Éditions Caractère

Les Éditions Caractère remercient le gouvernement du Québec – Programme de crédit d'impôt pour l'édition de livres – Gestion SODEC

Les Éditions Caractère reconnaissent l'aide financière du gouvernement du Canada par l'entremise du Fonds du livre du Canada pour leurs activités d'édition.

Visitez le site des Éditions Caractère
editionscaractere.com

Le régime
thyroïde

IG

index glycémique

Dr Pierre Nys | nutritionniste, endocrinologue

SOMMAIRE

INTRODUCTION

On estime à environ 200 millions le nombre de personnes touchées par des troubles de la thyroïde dans le monde. Ces maladies, qui affectent beaucoup plus de femmes que d'hommes, augmentent avec l'âge. Qu'il s'agisse d'hypothyroïdie (la thyroïde est paresseuse) ou d'hyperthyroïdie (elle s'emballe), tout l'organisme en est affecté. Cette petite glande est le véritable chef d'orchestre de notre fonctionnement métabolique. Elle contrôle aussi bien notre silhouette que notre bien-être global et notre vitalité. Autant dire que toute notre vie quotidienne est touchée par ses caprices : notre sommeil, notre poids, nos humeurs, notre transit, notre rythme cardiaque, notre tonus physique et intellectuel...

Certains désordres mineurs ne justifient pas un traitement au long cours mais, dans l'immense majorité des cas, les troubles thyroïdiens sont soignés par voie médicamenteuse. Dans les situations extrêmes, lorsqu'il est nécessaire de procéder à une ablation de cette glande, ce sont encore les médicaments qui prennent le relais. Les posologies, de plus en plus fiables, permettent d'adapter les protocoles avec une précision grandissante. Pourtant, cela ne suffit pas toujours pour assurer un mieux-être stable, au jour le jour. Aucune médication ne peut rivaliser avec la finesse des sécrétions hormonales endogènes. C'est là que l'hygiène de vie prend toute son importance : en surveillant votre alimentation, en améliorant votre gestion du stress, en évitant certaines sources de pollution..., vous pouvez optimiser votre fonctionnement thyroïdien.

L'alimentation joue un rôle particulièrement important dans l'accompagnement des troubles thyroïdiens. D'abord, cette petite glande a besoin d'iode pour fonctionner. Or, cet oligoélément nous est apporté uniquement par l'alimentation. Même si les véritables carences en iode sont de plus en plus rares dans les pays occidentaux, le simple fait d'optimiser les apports iodés constitue une aide pour les personnes sujettes à l'hypothyroïdie. Ensuite, les hormones thyroïdiennes influencent directement le métabolisme des macronutriments qui composent les aliments (glucides, protides et lipides). Les déséquilibres finissent ainsi par avoir un impact sur le taux de sucre et de cholestérol sanguin, ainsi que sur le renouvellement de la masse musculaire. Une alimentation adaptée permet de diminuer ces effets collatéraux.

Enfin, un grand nombre de symptômes liés aux troubles thyroïdiens sont sensibles à l'équilibre alimentaire. La constipation, par exemple, peut facilement être atténuée par un régime riche en fibres, alors que la nervosité et la déprime peuvent être améliorées par un apport régulier en acides gras essentiels de bonne qualité (oméga 3 et 6). Quant aux variations pondérales, une surveillance alimentaire modérée permet de les enrayer.

Ainsi, si l'alimentation ne constitue pas un traitement direct des troubles thyroïdiens, elle représente une aide précieuse pour réguler le fonctionnement métabolique, éviter certains symptômes désagréables et assurer un mieux-être global permanent. Le contrôle des apports glycémiques est particulièrement important. C'est justement la base des régimes IG : privilégier les aliments ayant un index glycémique bas et les associer de manière à ce que les repas respectent au maximum le métabolisme. Le Régime IG thyroïde ajoute à cela des éléments plus spécifiques, notamment quant à la consommation des aliments riches en iode.

En adoptant le Régime IG thyroïde au quotidien, vous gagnerez sur tous les tableaux : vous maintiendrez votre poids ; vous protégerez votre cœur et votre système cardiovasculaire ; vous optimiserez votre tonus physique et intellectuel ; vous équilibrerez votre transit... Et surtout, vous donnerez à votre thyroïde tout ce dont elle a besoin pour fonctionner de manière optimale, que vous soyez ou non sous traitement. Certes, cela vous demandera quelques efforts. Mais le Régime IG n'a rien d'une diète triste et frustrante dont on attend la fin avec impatience. Vous allez découvrir une nouvelle manière de choisir vos aliments, de privilégier les bons modes de cuisson et d'équilibrer vos repas. Vous allez expérimenter de nouveaux plaisirs gustatifs en usant et abusant des aromates et des épices. Vous allez apprendre à modifier en douceur votre alimentation. Et une fois que vous vous sentirez en pleine forme, vous n'aurez plus jamais envie d'en changer !

THYROÏDE, MODE D'EMPLOI

La thyroïde est une petite glande qui pourrait passer inaperçue si elle ne jouait un rôle central dans notre équilibre physique, mental et émotionnel. Mais ses faibles dimensions (4 cm de hauteur et 2 cm de largeur, pour un volume de 10 à 15 cm^3 et un poids d'environ 20 g) font d'elle un élément discret de notre dispositif métabolique.

Son nom est issu du terme grec *thuroeidês* qui signifie « bouclier ». De fait, elle est située à la base du cou, juste sous la peau, en avant de deux conduits essentiels : la trachée qui conduit l'air jusque dans les poumons, et l'œsophage par lequel transitent les aliments entre la cavité buccale et l'estomac. Ses découvreurs l'ont ainsi nommée car elle leur apparaissait comme un bouclier protecteur.

Sa forme ressemble vaguement à celle d'un papillon déployant ses ailes. Elle est constituée de deux lobes étalés, reliés par un corps central. Celui-ci est surmonté d'une partie plus charnue, la pyramide de Lalouette. La thyroïde est accrochée à un cartilage, invisible chez la femme mais souvent perceptible chez l'homme : la pomme d'Adam, qui monte et descend lorsqu'on avale. Sur sa partie arrière sont insérées quatre petites glandes dites parathyroïdes, qui participent à la régulation du taux de calcium sanguin. Cette face est également parcourue par une série de nerfs (les nerfs récurrents) qui assurent la mobilité des cordes vocales.

La thyroïde n'est ni un bouclier anatomique, ni un fragile papillon. C'est une glande endocrine, essentielle à notre équilibre et à notre santé, plus sensible à nos conditions de vie (alimentation, pollutions, tabac…) qu'à d'éventuels chocs extérieurs.

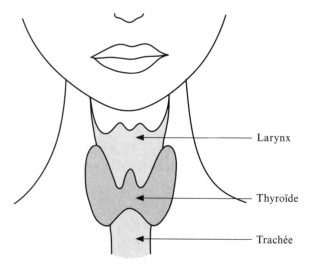

Larynx

Thyroïde

Trachée

La forme et l'emplacement de la thyroïde

À quoi sert la thyroïde ?

Comme toutes les glandes endocrines, la thyroïde sécrète des hormones qui sont déversées dans le sang. Celles-ci jouent un rôle central car elles contrôlent et régulent l'ensemble du métabolisme. Trop d'hormones thyroïdiennes et nos fonctions s'emballent : le cœur bat plus vite ; les dépenses énergétiques s'envolent, provoquant un amaigrissement excessif ; la température corporelle augmente ; la nervosité s'installe… À l'inverse, lorsqu'elles sont produites en quantité insuffisante, l'organisme fonctionne au ralenti, le rythme cardiaque diminue, la température corporelle s'abaisse, les dépenses énergétiques s'amenuisent, les pensées s'enlisent, le moral est en berne...

La plupart des organes sont, de près ou de loin, concernés par le fonctionnement thyroïdien. Dans la mesure où les hormones thyroïdiennes stimulent le fonctionnement cardiaque et augmentent la pression artérielle, elles favorisent une bonne circulation sanguine et, par là même, une bonne alimentation des cellules puisque c'est le sang qui leur apporte l'oxygène et les nutriments dont elles ont besoin. S'ajoute à cela une action directe sur certains tissus. La peau, par exemple, a tendance à s'épaissir et à pâlir lorsque la thyroïde fonctionne au ralenti. Les hormones thyroïdiennes sont indispensables à la solidité du squelette car elles favorisent le renouvellement du tissu osseux. Le cerveau et le système nerveux sont, eux aussi, directement affectés par les dérèglements thyroïdiens.

Dès la vie intra-utérine...

Les hormones thyroïdiennes jouent un rôle majeur dans le développement du fœtus. Elles sont indispensables à sa croissance, et surtout à la formation de son système nerveux et de son cerveau. Les carences thyroïdiennes fœtales, heureusement très rares dans les pays développés, sont responsables de retards importants sur le plan physique et mental.

Comment agissent les hormones thyroïdiennes ?

Les hormones sont des messagers chimiques, produits en très petite quantité par des cellules spécifiques concentrées dans les glandes. Chaque hormone délivre son message à un type de tissu particulier possédant des récepteurs capables de le recevoir et de le déchiffrer. À la manière d'une clé s'insérant dans une serrure, l'hormone « ouvre » alors la porte de la cellule et y déclenche une série de réactions. Chaque hormone possède ainsi ses cellules-cibles. Celles des hormones thyroïdiennes sont très nombreuses et concernent un grand nombre de tissus.

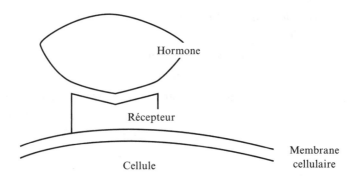

Le récepteur, l'hormone et la cellule

La thyroïde fabrique ses hormones à partir d'une substance majeure, l'iode, qui nous est apportée par l'alimentation*. Cette glande renferme d'ailleurs une bonne partie de nos réserves en iode (environ 20 %). Elle produit deux types d'hormones : les T4 (ou thyroxine) qui représentent 80 % de la production thyroïdienne, et les T3 (ou triiodothyronine) qui constituent les 20 % restants. Elles sont ainsi nommées car les T4 contiennent 4 molécules d'iode, alors que les T3 n'en comptent que 3. Une grande partie des T3 et des T4 circulent dans le sang en s'accrochant à des protéines de transport, ce qui les rend inactives. Le reste constitue des « hormones libres », directement utilisables par les cellules. Plus précisément, c'est la T3 qui

---

* Voir les explications détaillées dans le chapitre 5, p. 89.

agit au niveau des récepteurs cellulaires. La T4 libre doit donc être transformée en T3 libre pour que le message hormonal soit délivré aux cellules. Cette mutation se fait naturellement en dehors de la glande thyroïde, au niveau des organes périphériques.

Les hormones thyroïdiennes ne sont pas fabriquées à la demande. Elles sont régulièrement synthétisées par la glande, qui les stocke dans sa partie centrale (le colloïde). Elle les libère ensuite en fonction des besoins, sur ordre de deux autres glandes qui supervisent tout le système : l'hypophyse et l'hypothalamus. La première sécrète la TSH (thyréostimuline), le second produit la TRH (*Thyroid releasing hormon*). Ces deux substances augmentent la captation de l'iode par la thyroïde, stimulent la production de T3 et de T4 et favorisent leur mise en circulation dans le sang.

Lorsque la thyroïde ne sécrète pas assez d'hormones, la production de TSH et de TRH augmente, comme si ces deux superviseurs multipliaient les messages en direction de l'organe déficient pour stimuler son fonctionnement. À l'inverse, lorsque la glande thyroïde s'emballe, l'hypothalamus et l'hypophyse diminuent leur production de TSH et de TRH.

LES DOSAGES THYROÏDIENS

Lorsque des déséquilibres thyroïdiens se manifestent, on peut évaluer l'état du fonctionnement glandulaire en mesurant les hormones libres (T3 et T4) dont le taux indique directement le niveau de production des hormones thyroïdiennes. Mais on doit aussi doser la TSH dont la production augmente ou diminue en cas de difficulté. Ainsi, une personne ayant un taux de T3 et de T4 normal associé à un taux de TSH élevé présente un début de déséquilibre, sa thyroïde ayant besoin d'un surcroît de messages stimulants pour produire une quantité normale d'hormones.

15

Comment savoir si l'on bénéficie d'un fonctionnement thyroïdien équilibré ?

Une personne dont la glande thyroïde fonctionne bien se sent… bien ! Son poids est stable, elle n'a pas d'accès de fatigue incompréhensible, son sommeil est serein, son rythme cardiaque est normal, elle n'a pas de sautes d'humeur, elle n'est ni frileuse ni sujette à des bouffées de chaleur intempestives… Les hormones thyroïdiennes agissant sur l'ensemble de l'organisme, leur sécrétion équilibrée produit une sensation de bien-être global.

À l'inverse, leurs déséquilibres nous affectent de manière tout aussi globale. Qu'il s'agisse d'hyperthyroïdie (la production d'hormones s'emballe) ou d'hypothyroïdie (la production d'hormones ralentit)[*], les troubles se manifestent par un ensemble de signes très différents les uns des autres. C'est l'une des raisons pour lesquelles le diagnostic des déséquilibres thyroïdiens est parfois tardif. La prééminence de certains symptômes peut faire penser, dans un premier temps, qu'ils sont attribuables à d'autres causes : une altération du rythme cardiaque et de la pression artérielle peut évoquer une pathologie cardiaque ; une fatigue intense associée à des troubles du sommeil peut laisser croire que la personne est dépressive… C'est en considérant l'ensemble des symptômes que le médecin pourra déceler une éventuelle pathologie thyroïdienne, qu'il vérifiera en demandant des dosages sanguins (T3 libres, T4 libres et TSH) et en effectuant des examens locaux (palpation, échographie, scintigraphie…)[**].

---

* Voir les explications détaillées dans le chapitre 2, p. 29.
** Voir les explications détaillées dans le chapitre 3, p. 47.

LES TROUBLES THYROÏDIENS EN CHIFFRES

En France, on compte 6 millions de patients atteints de déséquilibres de la fonction thyroïdienne, ce qui représente un peu moins de 10 % de la population.

Le cancer de la thyroïde est la maladie qui connaît l'augmentation la plus importante, avec 3 800 nouveaux cas par an. Mais ces cancers ne représentent que 1,3 % de l'ensemble des tumeurs et ils ont globalement un pronostic favorable.

L'hygiène de vie affecte-t-elle le fonctionnement de la thyroïde ?

La glande thyroïde est sous l'influence de facteurs extérieurs qui peuvent la renforcer et la protéger, ou, au contraire, la fragiliser et la perturber. L'alimentation d'abord. L'iode, indispensable à son fonctionnement, nous est fourni par certains aliments : poissons de mer, coquillages, crustacés, algues, mais aussi soya, œufs, laitages, certains légumes verts… Plus, bien sûr, le sel enrichi en iode que nous consommons au quotidien* mais dont on connaît par ailleurs les effets délétères. D'autres nutriments influent sur la synthèse des hormones thyroïdiennes : le sélénium, le zinc… À l'inverse, certains aliments freinent l'assimilation de l'iode et favorisent l'apparition des goitres.

Une alimentation saine, équilibrée et adaptée aux besoins est donc un élément majeur d'une bonne hygiène de vie « spéciale thyroïde ». Ce n'est pas le seul. Le stress affecte également le fonctionnement thyroïdien, allant jusqu'à provoquer des hyper ou des hypothyroïdies. Plusieurs études ont montré que ces troubles sont plus fréquents

---

* Voir les explications détaillées et les recettes dans les chapitres 6 et 7, p. 123 et p. 137.

chez les personnes soumises à un stress intense ou prolongé. Chacun de nous possède un niveau et une qualité de résistance au stress qui lui sont propres. Une chose est sûre : lorsque nous subissons un événement (ou une série de petits événements régulièrement répétés) qui nous bouleverse, notre corps réagit en déclenchant un « orage hormonal » destiné à faciliter notre adaptation à la situation. Cela provoque des réactions en cascade qui affectent le système immunitaire et le système hormonal, à commencer par la thyroïde*.

La pollution intensifie, elle aussi, les problèmes de thyroïde : phénols, sulfites, nitrates, hydrocarbures… Et, bien sûr, la radioactivité. Après l'accident nucléaire de Tchernobyl en avril 1986, les cancers de la thyroïde se sont rapidement multipliés dans les populations qui vivaient autour de la centrale au moment de l'explosion, particulièrement les enfants. Quinze ans plus tard, les régions survolées par le nuage radioactif au cours des jours suivants ont vu leur taux de cancer de la thyroïde augmenter de manière significative. Au mois de mars 2011, un tsunami a ravagé la centrale de Fukushima, au Japon, attisant à nouveau la peur du nucléaire et poussant certains pays (notamment l'Allemagne) à programmer le démantèlement de leurs centrales. Le problème vient du fait que les nuages radioactifs sont constitués en grande partie d'iode 131 qui vient rapidement se fixer sur la glande thyroïde, entraînant des dysfonctionnements à court, moyen ou long termes selon la durée et l'intensité de l'exposition**. La seule parade consiste à absorber de l'iode non radioactif (iode stable) de manière à saturer la glande avant qu'elle entre en contact avec l'iode radioactif. Un dispositif simple, mais difficile à mettre en place car l'iode doit être absorbé au bon moment, ni trop tôt (il serait rapidement éliminé), ni trop tard (lorsque l'iode radioactif est déjà fixé sur la thyroïde).

---

* Voir les explications détaillées p. 76.
** Voir les explications détaillées p. 83.

Reste un ennemi très courant, mais non moins dangereux : la cigarette. La combustion du tabac produit un grand nombre de substances toxiques, dont certaines freinent son fonctionnement et augmentent la fréquence des goitres. Le tabagisme conduirait même à une destruction partielle des cellules de la thyroïde. Pour les fumeurs, la solution est simple : il faut arrêter de fumer lorsqu'on souffre de désordres thyroïdiens, même légers. Mais qui dit simple ne signifie pas forcément facile, les grands fumeurs le savent bien ! Heureusement, même s'il n'y a pas de miracle en matière de sevrage tabagique, de nombreuses méthodes peuvent aider les fumeurs à sortir de leur dépendance*.

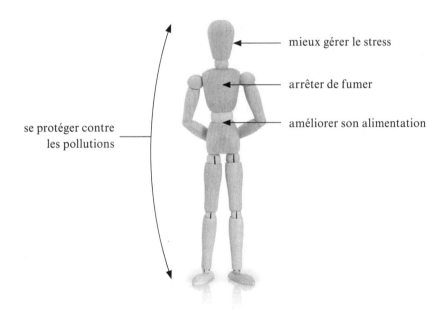

mieux gérer le stress

arrêter de fumer

améliorer son alimentation

se protéger contre
les pollutions

Les bons gestes pour la thyroïde

---

* Voir les explications détaillées p. 68.

Quels troubles peuvent toucher la thyroïde ?

Lorsque la thyroïde se dérègle, deux types de troubles peuvent apparaître : l'hypothyroïdie et l'hyperthyroïdie. La première se caractérise par une baisse de la production des hormones thyroïdiennes, alors que la seconde tend à l'intensifier. Les symptômes sont donc, en grande partie, opposés : dans le premier cas, les battements cardiaques ralentissent, la température corporelle baisse, le transit intestinal est freiné, l'appétit diminue, la personne a sommeil... ; dans le second cas, le cœur s'emballe, la température monte, le transit s'accélère, l'appétit se creuse, le sommeil se fragilise*... Seule la fatigue fait partie de tous les tableaux symptomatiques thyroïdiens.

À quelle cause attribuer ces déséquilibres ? C'est là que tout se complique. L'hyper et l'hypothyroïdie sont parfois provoquées par des thyroïdites (voir encadré p. 21), c'est-à-dire essentiellement des maladies d'origine auto-immune (maladie de Basedow pour l'hyperthyroïdie, maladie de Hashimoto pour l'hypothyroïdie). Mais il arrive aussi qu'on ne leur trouve aucune cause identifiable. De même, ces dérèglements sont parfois associés à des altérations de la glande (goitre, nodules, kystes), mais celles-ci peuvent apparaître sans que la thyroïde cesse de fonctionner normalement.

Quelques précisions s'imposent. Le goitre est une augmentation plus ou moins importante du volume de la thyroïde. Il est parfois associé à une ou plusieurs tuméfactions (nodules), ou à des petites boules emplies de liquide (kystes). La différence est aisément perceptible au toucher. Rassurez-vous : ces manifestations ne sont pas synonymes de cancers. Seuls 10 % des nodules isolés évoluent en tumeur cancéreuse. Le chiffre diminue encore de moitié pour les

---

* Voir les explications concernant les principaux symptômes dans le chapitre 2, p. 29.

nodules multiples. Cependant, en présence de nodule(s), il faut effectuer des examens (échographie, cytoponction, voire scintigraphie*) afin d'écarter tout risque et de traiter rapidement si c'est nécessaire.

Nous ne connaissons pas encore tous les facteurs qui conduisent au développement des tumeurs cancéreuses de la thyroïde. Comme tous les cancers, celui-ci est multifactoriel : il implique la génétique, l'hygiène de vie (pollution, stress…), mais aussi d'autres éléments encore mal cernés. L'âge semble jouer un rôle : 4 % des cancers de la thyroïde apparaissent chez des sujets de moins de 20 ans, et 41 % chez des sujets de plus de 60 ans.

Le traitement associe le plus souvent la chirurgie (ablation de la tumeur) à un traitement hormonal destiné à réguler la fonction thyroïdienne. Le pronostic est favorable : on compte 92 % de survie à 20 ans chez les patients correctement opérés et suivis. Dans les cas les plus pessimistes (cancers médullaires), qui ne représentent guère plus de 5 % des cas, la survie à 10 ans est tout de même de 60 %

LES THYROÏDITES

On réunit sous ce terme les maladies inflammatoires de la thyroïde. Les deux plus courantes sont la thyroïdite de De Quervain et celle de Hashimoto. La première, aussi appelée « subaiguë », touche en priorité les femmes après 40 ans. Elle provoque une hyperthyroïdie, parfois suivie d'une hypothyroïdie paradoxale. À l'inverse, la thyroïdite de Hashimoto entraîne une hypothyroïdie. On la considère même comme la cause la plus fréquente de ce déséquilibre. Ces deux maladies sont traitées par voie médicamenteuse. Les déséquilibres se corrigent bien, mais une amélioration de l'hygiène de vie est indispensable pour que les patients connaissent un vrai bien-être quotidien.

* Voir les explications dans le chapitre 3, p. 47.

Les troubles thyroïdiens sont-ils douloureux ?

Dans leur grande majorité, les troubles thyroïdiens ne sont pas douloureux. Les symptômes consécutifs aux dérèglements hormonaux entraînent toutes sortes de malaises, mais pas de douleurs. Quant aux déformations perceptibles à la palpation (goitre, nodule), elles sont rarement sensibles au toucher.

Seules les thyroïdites peuvent générer des douleurs locales irradiant depuis le cou jusque dans la nuque et les épaules. C'est le cas de la thyroïdite aiguë d'origine infectieuse (assez rare) ou de la maladie de De Quervain (plus fréquente). La thyroïdite de Hashimoto, qui provoque une hypothyroïdie, est parfois associée à des douleurs articulaires diffuses (chevilles, doigts, poignets, épaules...).

Hommes et femmes sont-ils égaux devant les troubles thyroïdiens ?

Les dysfonctionnements de la thyroïde touchent davantage les femmes : à l'âge adulte, 7,5 % de la population féminine est touchée pour un peu moins de 3 % des hommes ; après 60 ans, les chiffres grimpent à 12 % pour les premières et 4 % pour les seconds. Diverses hypothèses ont été évoquées pour expliquer ces différences, parmi lesquelles d'éventuelles interactions entre les hormones thyroïdiennes et les hormones sexuelles féminines. Mais à ce jour, aucune étude sérieuse n'a pu démontrer le mécanisme de ce lien.

S'ajoutent à cela deux périodes inhérentes à la vie féminine, au cours desquelles la thyroïde subit des contraintes particulières : la puberté, ainsi que la grossesse et les mois qui suivent l'accouchement. Lorsqu'une femme est enceinte, sa thyroïde doit subvenir à ses propres besoins hormonaux, mais aussi (en partie) à ceux du bébé qu'elle porte. La glande du fœtus, complètement formée entre la 12e et la 14e semaine d'aménorrhée, commence son activité vers la 20e semaine d'aménorrhée, mais elle n'est totalement active qu'un mois environ après la naissance. La consommation régulière d'aliments iodés permet à la future maman de faire face à ces dépenses supplémentaires tant que sa thyroïde est en bon état. Mais il arrive que des déséquilibres, jusque-là silencieux, se découvrent à cette occasion.

Certaines hormones sécrétées pendant la grossesse stimulent la thyroïde, ce qui peut parfois laisser apparaître une hyperthyroïdie transitoire, généralement sans risque pour le fœtus. À l'inverse, la grossesse provoque une transformation des processus d'auto-immunité qui peut entraîner une hypothyroïdie, laquelle est préjudiciable au fœtus si elle est trop durable ou intense. C'est pourquoi il est courant de prescrire aux femmes enceintes à risque de maladies thyroïdiennes un dosage de TSH au début de grossesse et un autre vers le 3e mois de gestation.

 LES FACTEURS DE RISQUES DE MALADIE THYROÏDIENNE CHEZ LA FEMME ENCEINTE

Facteurs de risques personnels
- Épisode antérieur de dysfonction thyroïdienne.
- Goitre.
- Antécédent de traitement chirurgical ou radiothérapique affectant la thyroïde.
- Présence d'anticorps antithyroïdiens circulants.
- Vitiligo.
- Apparition précoce de cheveux blancs (canitie). →

- Maladies auto-immunes (diabète de type 1, maladie de Biermer...).
- Traitement par lithium, interféron alpha, interleukine 2 ou médications riches en iode (amiodarone, sirops expectorants, injections d'iode à des fins radiographiques...).

Facteurs de risques familiaux
- Maladie thyroïdienne.
- Diabète de type 1.
- Insuffisance surrénale.
- Maladie auto-immune (maladie de Biermer...).

Ces dérèglements, qui touchent chacun environ 2,5 % des femmes enceintes, disparaissent le plus souvent dans les mois qui suivent l'accouchement. Mais il arrive que les troubles persistent lorsque l'orage hormonal de la grossesse a mis au jour une véritable pathologie. Celle-ci doit alors être prise en charge de manière adaptée. Quant aux mères souffrant d'un déséquilibre thyroïdien avant leur grossesse, elles font l'objet d'une surveillance particulière et d'un traitement approprié pendant les neuf mois de gestation.

LA THYROÏDITE DU POST-PARTUM

Comme son nom l'indique, ce trouble se manifeste parfois dans les semaines qui suivent l'accouchement. Il s'agit d'une maladie d'origine auto-immune, attribuée au bouleversement immunitaire post-accouchement qui provoque parfois la production d'anticorps antithyroïdiens. Ceux-ci peuvent stimuler exagérément la glande, ou au contraire la bloquer. Parfois, hyper et hypothyroïdie se succèdent sans raison apparente. Ces dérèglements régressent spontanément en moins de 6 mois dans 90 % des cas. Un traitement d'accompagnement peut être nécessaire pendant cette période.

Peut-on souffrir de troubles thyroïdiens à n'importe quel âge ?

Il n'y a pas d'âge pour souffrir de la thyroïde, même si les troubles sont de plus en plus fréquents avec les années. Lors des dépistages systématiques effectués chez des plus de 60 ans, 15 à 20 % des sujets présentent des résultats évoquant une hyperthyroïdie, contre moins de 5 % chez les plus jeunes.

Dès avant la naissance, les carences en iode peuvent entraîner des dysfonctionnements thyroïdiens sérieux (retard de développement physique et intellectuel). Depuis 1978, un examen est pratiqué sur les nouveau-nés afin de dépister d'éventuelles hypothyroïdies congénitales (elles touchent environ un bébé sur 3 500).

Pendant les années qui suivent, la plupart des troubles thyroïdiens peuvent toucher les enfants. Les symptômes, les examens et les traitements sont très proches de ceux des adultes. L'adolescence constitue une traversée plus difficile car la thyroïde est très fortement sollicitée pendant cette période de grand bouleversement hormonal. Généralement, son volume augmente. Des déséquilibres transitoires peuvent alors apparaître. Mais leurs symptômes évoquent les débordements comportementaux courants des ados (fatigue, nervosité, sautes d'humeur, difficulté scolaire...), ce qui peut prêter à confusion et rendre le diagnostic difficile. C'est pourquoi il faut être vigilant, surveiller leur croissance et la taille de leur thyroïde, et consulter en cas de doute. Signalons que les apports en iode doivent être augmentés pendant cette période pour faire face aux besoins.

Chez les personnes âgées, les symptômes des dérèglements thyroïdiens se confondent parfois avec les signes de l'âge et certains troubles sont mis spontanément sur le compte du vieillissement.

Comme pour les adolescents, des vérifications s'imposent lorsque le mal-être devient permanent.

Chez les femmes, la période de la ménopause est particulièrement délicate car ses symptômes classiques (bouffées de chaleur, fatigue, insomnie, irritabilité...) peuvent évoquer un dérèglement thyroïdien. Certaines femmes ont tendance à accuser à tort leur thyroïde alors qu'elle n'est pas en cause, pendant que d'autres mettent tous leurs maux sur le compte de leur ménopause même quand leur thyroïde est déficiente. Dans ce cas, le dérèglement thyroïdien continue à évoluer, masqué, pendant les années que dure le tarissement de leurs hormones sexuelles. Encore une fois, un simple dosage sanguin de la TSH et des hormones libres (T3 et T4) suffira à déterminer l'origine des troubles et, éventuellement, à les soigner si cela se révèle nécessaire.

Existe-t-il des familles à risques ou des facteurs prédisposants ?

Un facteur héréditaire est probablement impliqué dans l'ensemble des troubles de la thyroïde. Mais cette information n'est pas aisée à utiliser car le fait d'être porteur d'un gène prédisposant ne signifie pas que l'on va forcément développer la maladie. De nombreux éléments entrent en ligne de compte, à commencer par l'environnement et l'hygiène de vie. Cela n'empêche pas les personnes prédisposées qui ne développent pas la maladie de transmettre le gène responsable à leur descendance, ce qui brouille encore un peu plus les pistes.

Cependant, certaines maladies thyroïdiennes présentent une dimension héréditaire plus flagrante. On sait, par exemple, que 25 % environ des cancers médullaires (qui ne représentent, rappelons-le, que 5 % des cancers de la thyroïde) sont clairement d'origine héréditaire. C'est également le cas de la thyroïdite de Hashimoto. Toutefois, on sait que les sujets porteurs d'un gène prédisposant à cette inflammation thyroïdienne la développent dans des proportions différentes selon leur sexe : 40 % seulement chez les garçons, contre plus de 90 % chez les filles.

Alors oui, il existe des familles à risques en matière de troubles thyroïdiens. Mais il est plus efficace, en termes de prévention, de corriger ses erreurs d'hygiène de vie que de rechercher ses gènes prédisposants.

LES MÉDICAMENTS QUI PERTURBENT LA THYROÏDE

Certains médicaments perturbent le fonctionnement de la thyroïde, alors que d'autres brouillent les résultats des bilans sanguins sans affecter la glande.

- *Les produits contenant de l'iode*, à commencer par certains antiseptiques locaux d'usage courant. C'est le cas également de l'amiodarone, couramment prescrite pour traiter les troubles du rythme cardiaque. Toutefois, il faut que les traitements soient suffisamment longs et réguliers pour que l'organisme réagisse, car la thyroïde peut s'adapter à des apports iodés accrus s'ils ne durent pas trop longtemps. Si vous êtes sous traitement, lisez attentivement les notices des produits que vous utilisez et en cas de doute, demandez conseil à votre médecin.

- *Les œstrogènes* (pilule contraceptive, traitement substitutif hormonal de la ménopause) modifient le bilan thyroïdien mais n'ont pas d'impact réel sur le fonctionnement de cette glande.

→

Ils augmentent les protéines de transport, mais pas la production hormonale elle-même.

- *Les glucocorticoïdes* ont un effet inverse : ils diminuent les protéines de transport. Ils peuvent aussi freiner la production de la TSH, ce qui affecte directement la production des hormones thyroïdiennes.

- *L'interféron* peut provoquer des thyroïdites qui cessent généralement à l'arrêt du traitement.

COMMENT REPÉRER LES SYMPTÔMES

Les troubles du fonctionnement de la thyroïde se manifestent par une grande variété de symptômes qui diffèrent selon que la glande produit trop d'hormones actives (hyperthyroïdie) ou qu'elle n'en sécrète pas suffisamment (hypothyroïdie). Que le problème soit inhérent à la thyroïde elle-même, ou qu'il soit provoqué par un dérèglement de l'hypophyse qui contrôle son fonctionnement, ces signes sont similaires. Les résultats des analyses et les traitements peuvent être différents, mais les manifestations restent identiques.

Une grande partie des symptômes liés aux dérèglements thyroïdiens sont clairement opposés : on a chaud ou froid, le transit s'accélère ou ralentit, on est irritable ou amorphe, le cœur s'affole ou bat moins vite… Cependant, il y a un signal commun à tous les dysfonctionnements thyroïdiens : une fatigue que l'on ne peut imputer à aucune cause précise. Elle survient souvent dès le matin, sans que l'on ait fait d'efforts particuliers, et qui s'accentue tout au long de la journée.

La multiplicité et la diversité des symptômes conduisent parfois à évoquer d'autres causes qui masquent l'origine réelle des troubles.

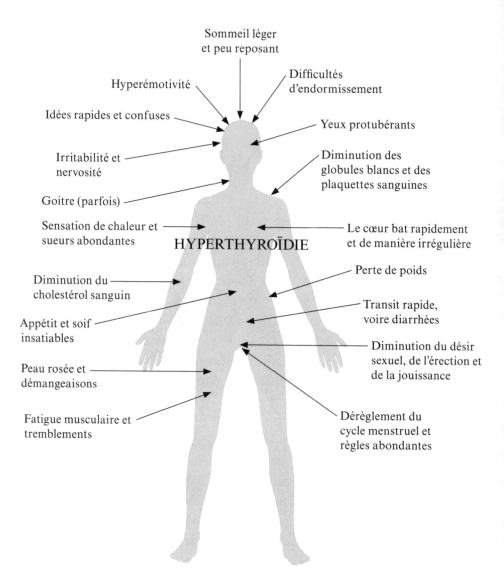

Sommeil léger
et peu reposant

Difficultés
d'endormissement

Hyperémotivité

Idées rapides et confuses

Yeux protubérants

Irritabilité et
nervosité

Diminution des
globules blancs et des
plaquettes sanguines

Goitre (parfois)

Sensation de chaleur et
sueurs abondantes

HYPERTHYROÏDIE

Le cœur bat rapidement
et de manière irrégulière

Perte de poids

Diminution du
cholestérol sanguin

Transit rapide,
voire diarrhées

Appétit et soif
insatiables

Diminution du désir
sexuel, de l'érection et
de la jouissance

Peau rosée et
démangeaisons

Fatigue musculaire et
tremblements

Dérèglement du
cycle menstruel et
règles abondantes

*Les symptômes courants de l'**hyperthyroïdie***

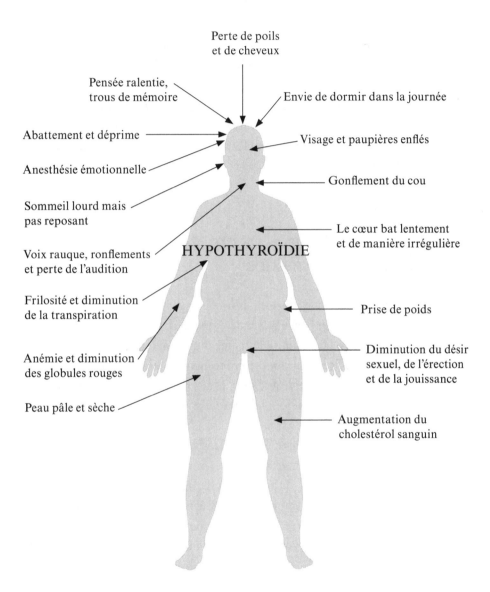

Perte de poils
et de cheveux

Pensée ralentie,
trous de mémoire

Envie de dormir dans la journée

Abattement et déprime

Visage et paupières enflés

Anesthésie émotionnelle

Gonflement du cou

Sommeil lourd mais
pas reposant

Le cœur bat lentement
et de manière irrégulière

Voix rauque, ronflements
et perte de l'audition

HYPOTHYROÏDIE

Frilosité et diminution
de la transpiration

Prise de poids

Anémie et diminution
des globules rouges

Diminution du désir
sexuel, de l'érection
et de la jouissance

Peau pâle et sèche

Augmentation du
cholestérol sanguin

*Les symptômes courants de l'**hypothyroïdie***

On invoque alors le vieillissement (notamment la ménopause chez les femmes de plus de 50 ans), un trouble cardiaque ou une dépression, et on laisse le dysfonctionnement thyroïdien se développer sans contrôle. C'est pourquoi, lorsqu'on repère un signe évoquant un trouble thyroïdien, il faut être attentif de manière à identifier le plus rapidement possible les autres manifestations éventuelles. Dès qu'on en repère plusieurs, il faut consulter afin que le médecin procède aux examens nécessaires et puisse prescrire un traitement adapté*.

L'hypothyroïdie, ou l'escargot triste : pas assez d'hormones

L'hypothyroïdie se caractérise par une baisse de la production des hormones thyroïdiennes. Cette baisse peut être imputable à un dysfonctionnement de la glande elle-même ou, beaucoup plus rarement, à un dérèglement de l'hypophyse qui n'envoie plus suffisamment de messages pour que la thyroïde sécrète ses hormones. Dans un cas comme dans l'autre, c'est tout le métabolisme qui s'en trouve ralenti.

Les symptômes qui en découlent sont très variés, puisqu'ils touchent à de nombreuses fonctions : digestion, sommeil, circulation, sexualité… En règle générale, ils apparaissent progressivement, laissant d'abord penser à une simple fatigue. C'est ce qui rend l'hypothyroïdie pernicieuse, d'autant que personne ne présente l'ensemble des signes. C'est donc plutôt l'apparition simultanée de plusieurs troubles qui peut faire penser à un manque d'hormones thyroïdiennes.

---

* Voir chapitre 3, p. 47.

Les principaux symptômes de l'hypothyroïdie

Tout commence donc par une fatigue générale qui s'installe d'abord en douceur. On se sent moins résistant à l'effort physique et intellectuel. On récupère moins vite. Au fil des jours, cette lassitude s'intensifie au point qu'on finit par se sentir fatigué dès le matin. L'humeur s'en ressent rapidement : on n'a pas envie de sortir du lit, on se sent découragé, les activités les plus banales du quotidien deviennent des épreuves pénibles.

À cette fatigue suspecte s'ajoutent des symptômes plus précis qui se manifestent de manière plus ou moins intense selon la gravité du manque hormonal. Chacun ressent un cocktail de troubles particuliers, certains étant très fréquents et d'autres plus rares.

Les manifestations intellectuelles, mentales et émotionnelles

La pensée se ralentit et les capacités d'attention diminuent. On a du mal à se concentrer et à rester vigilant. Les idées s'embrouillent et on ne parvient plus à élaborer des raisonnements efficaces. Le moindre effort mental devient insurmontable et on perd rapidement le fil de ses pensées. La mémoire peut aussi jouer des tours. On se sent abattu, déprimé. La fatigue physique et intellectuelle mine rapidement le moral. La difficulté que l'on éprouve à accomplir les tâches les plus simples entraîne un découragement que vient encore amplifier l'inquiétude que l'on ressent. Celle-ci est parfois mêlée de culpabilité, car on se reproche de ne plus être capable de penser et d'agir. Réagir aux émotions demande une énergie dont on ne dispose plus. La déprime prend le dessus, enveloppant le ressenti dans un brouillard de plus en plus épais qui entraîne une sorte d'anesthésie émotionnelle. La fatigue et la déprime conjuguées donnent envie de fuir dans le sommeil. On s'endort n'importe quand et n'importe où, mais le repos n'est pas au rendez-vous. Le sommeil est lourd mais il ne permet pas une récupération efficace.

Parmi les personnes touchées par l'hypothyroïdie :
- *90 % éprouvent un ralentissement des idées*
- *90 % ont une élocution ralentie*
- *65 % ont des trous de mémoire*
- *35 % ont des troubles psycho-émotionnels*

Les manifestations au niveau de la peau, des muqueuses et du système pileux

La peau et les muqueuses ont tendance à se dessécher et à épaissir. Le teint pâlit, l'épiderme est froid au toucher. Ces modifications ont une influence directe sur les tissus muqueux : la langue épaissit, la voix devient rauque et l'on se met à ronfler. L'hypothyroïdie touchant en majorité des femmes, ces symptômes sont particulièrement mal vécus. L'acuité auditive a également tendance à baisser. Tous les phanères perdent de leur densité : les ongles deviennent mous et cassants, les cheveux se fragilisent et tombent, la pilosité diminue (surtout au pubis et sous les aisselles). Il arrive aussi que les paupières soient gonflées, voire parfois l'ensemble du visage.

Parmi les personnes touchées par l'hypothyroïdie :
- *97 % ont la peau sèche*
- *76 % perdent des poils*
- *60 % perdent des cheveux*
- *55 % ont la voix plus rauque*
- *30 % perdent de l'acuité auditive*

Les manifestations métaboliques

Outre la fatigue omniprésente, le ralentissement métabolique global provoque d'abord une baisse de la température corporelle. On devient de plus en plus frileux, au point qu'on ne parvient pas à se réchauffer. Les extrémités (pieds, mains, nez) restent froides, même dans un milieu normalement chauffé. Corollaire de cette frilosité :

on transpire très peu. Malgré un appétit modéré, on a tendance à prendre un peu de poids. Au fil des mois, plusieurs kilos peuvent ainsi s'accumuler sans raison apparente. On se sent gonflé, notamment au niveau des mains. On a du mal à fermer la ceinture de son pantalon et à mettre ses bagues habituelles.

Parmi les personnes touchées par l'hypothyroïdie :
- *99 % se sentent fatiguées*
- *90 % ont souvent froid*
- *60 % prennent du poids*

Les manifestations cardiaques et circulatoires

Le rythme cardiaque ralentit, ce qui provoque d'abord un essoufflement pénible au moindre effort. Cette sensation intensifie encore la fatigue. Paradoxalement, il arrive que l'on ressente en même temps des palpitations. Le taux de cholestérol sanguin a tendance à augmenter, faisant courir des risques cardiovasculaires accrus. La composition sanguine se modifie, révélant une anémie et une baisse du nombre de globules rouges.

Parmi les personnes touchées par l'hypothyroïdie :
- *95 % constatent un ralentissement de leur rythme cardiaque (bradycardie)*
- *15 % ressentent des palpitations*

Les manifestations sexuelles et gynécologiques

Le ralentissement métabolique rejaillit rapidement sur la sphère sexuelle. La libido est en berne, le désir se tarit, la jouissance échappe. Les hommes rencontrent des difficultés d'érection. Ces problèmes ajoutent encore à la déprime. Chez les femmes non ménopausées, on rencontre parfois des perturbations du cycle (règles moins fréquentes) et des écoulements plus abondants que de coutume.

Les manifestations digestives

Si les premières phases de la digestion ne sont pas directement affectées par la baisse des hormones thyroïdiennes, le transit s'en trouve souvent perturbé. Il commence par ralentir, entraînant une constipation modérée. Puis les selles s'espacent au point parfois de devenir hebdomadaire. Ce blocage provoque des sensations désagréables de ballonnements, voire des douleurs abdominales.

Les manifestations musculaires

La fatigue physique s'accompagne d'une faiblesse musculaire qui s'installe progressivement. Le simple fait de sortir les paniers de courses de la voiture ou de grimper un étage devient pénible. Les muscles se raidissent et se crispent. Des douleurs et des crampes apparaissent parfois.

Les manifestations locales

Il arrive que l'hypothyroïdie soit associée à un gonflement du cou, voire à un vrai goitre. Rappelons qu'il s'agit d'un symptôme concomitant à la baisse de la production d'hormones, et non d'une de ses causes.

CE QUI PROVOQUE L'HYPOTHYROÏDIE...

Le manque d'hormones thyroïdiennes est une maladie fréquente. Elle touche en moyenne 5 % de la population, mais la proportion est plus importante chez les femmes et augmente avec l'âge.

L'hypothyroïdie n'a pas toujours une origine clairement repérable. Il arrive que les bilans sanguins révèlent une diminution de la production hormonale sans que celle-ci soit associée à une cause connue. On parle alors d'*hypothyroïdie primaire, ou idiopathique*. Cependant, même si ces cas sont assez nombreux, ils ne constituent pas l'essentiel des hypothyroïdies. Le plus souvent, la baisse de la production hormonale est liée à une cause identifiable.

Certaines sont tout à fait évidentes : lorsque l'on procède à une ablation (totale ou partielle) de la glande thyroïde, à la suite de l'apparition de nodules cancéreux par exemple, la production hormonale est forcément diminuée ou inexistante. Le traitement consistera alors à remplacer les hormones manquantes. De même, certaines altérations congénitales de la glande peuvent perturber son fonctionnement dès la vie intra-utérine. Ces dernières sont très graves car elles entraînent un retard du développement du fœtus, notamment au niveau cérébral. Heureusement, elles sont repérées à la naissance grâce à un dépistage systématique qui permet de mettre en place immédiatement un traitement adapté.

Certains traitements médicamenteux destinés à ralentir la fonction thyroïdienne lorsque celle-ci s'emballe (voir les paragraphes consacrés à l'hyperthyroïdie, p. 38) peuvent entraîner un blocage exagéré de la glande. S'ensuit parfois une hypothyroïdie qu'il convient alors de traiter. Les traitements à base d'iode radioactif peuvent produire le même effet. Enfin, les radiothérapies externes visant une zone proche de la base du cou peuvent provoquer un dysfonctionnement, voire un blocage, de la thyroïde.

Reste la thyroïdite de Hashimoto, qui constitue la cause la plus fréquente d'hypothyroïdie. Cette maladie inflammatoire, qui touche surtout les femmes, représente 20 % des troubles thyroïdiens connus. Autrefois, elle était dépistée à un stade avancé, lorsque l'inflammation de la glande provoque un goitre volumineux parfois associé à des nodules. Aujourd'hui, les bilans sanguins permettent de la diagnostiquer et de la traiter beaucoup plus tôt[*].

---

[*] Voir chapitre suivant, p. 47.

Cette thyroïdite est d'origine génétique, mais le gène prédisposant s'active beaucoup plus rarement chez les hommes que chez les femmes. Elle fait partie des maladies auto-immunes : les tissus de la glande sont attaqués par des anticorps. Ces substances sont normalement produites par le système immunitaire pour neutraliser les microbes qui pénètrent dans notre organisme. Pour des raisons encore mal définies, il arrive que ces anticorps se trompent de cible et attaquent certains tissus, dont la thyroïde. S'ensuivent des anomalies du fonctionnement de cette glande, qui augmente de volume et produit de moins en moins d'hormones. Parfois, des symptômes paradoxaux apparaissent, entraînant la personne dans une alternance d'hypo et d'hyperthyroïdie. Le traitement consiste à compenser le manque hormonal par voie médicamenteuse, de manière à restaurer l'équilibre métabolique.

L'hyperthyroïdie ou le dragster emballé : trop d'hormones

À l'inverse de la précédente, l'hyperthyroïdie se caractérise par une augmentation de la production des hormones thyroïdiennes. Le métabolisme ne fonctionne plus au ralenti, au contraire : il est sur-stimulé et passe en surrégime. Du coup, le cœur bat trop vite, les muscles sont hypertoniques, le système nerveux est en état d'alerte permanente… Les hyperthyroïdies peuvent avoir deux origines : soit une maladie auto-immune (maladie de Basedow), soit un (ou des) nodule(s) qui produi(sen)t des hormones en permanence sans relation avec les besoins réels (adénomes prétoxiques ou toxiques). Dans un cas comme dans l'autre, c'est l'apparition simultanée de plusieurs symptômes qui conduit à évoquer l'hyperthyroïdie, qui sera confirmée par des bilans sanguins et des examens complémentaires[*].

---

[*] Voir chapitre suivant, p. 47.

LES PRINCIPAUX SYMPTÔMES DE L'HYPERTHYROÏDIE

Les symptômes qui en découlent sont tout aussi variés que ceux de l'hypothyroïdie, et ils s'organisent autour du même trouble central : une fatigue persistante. Cette fatigue est très caractéristique : elle est surtout physique et touche la mobilité. Les autres signes sont très variés et leur intensité varie en fonction de l'ampleur de la surproduction hormonale.

Les manifestations intellectuelles, mentales et émotionnelles

Les idées ne sont pas ralenties, au contraire : elles s'emballent. Cela entraîne une sorte de confusion mentale. Tout s'embrouille. On devient irritable et nerveux. On réagit de manière exagérée à la moindre sollicitation. Les émotions sont ressenties de manière violente et paroxystique, ce qui ajoute encore à la nervosité et à la confusion. Cet état d'hypervigilance perturbe les nuits : on a du mal à s'endormir, le sommeil reste superficiel et léger, peu reposant. Ces difficultés nocturnes renforcent la fatigue nerveuse, intensifiant l'irritabilité. On entre ainsi dans un cercle vicieux, chaque journée devenant plus pénible que la précédente. Ces symptômes sont les premiers à apparaître, notamment chez les sujets jeunes (moins de 30 ans).

Parmi les personnes touchées par l'hyperthyroïdie à cause d'une maladie de Basedow :

- *53 % ressentent de l'hyperémotivité et de l'irritabilité*
- *71 % éprouvent une grande fatigue psychique*

Parmi les personnes touchées par l'hyperthyroïdie à cause d'un goitre nodulaire :

- *50 % ressentent de l'hyperémotivité et de l'irritabilité*
- *53 % éprouvent une grande fatigue psychique*

Les manifestations métaboliques

La surproduction hormonale déclenche des réactions métaboliques excessives. On a chaud en permanence, même lorsque la température est plutôt fraîche, et on transpire abondamment. On ressent à n'importe quel moment de la journée et de la nuit des bouffées de chaleur brutales, assorties de sueurs. On maigrit, alors même que l'on mange plus que d'habitude. L'appétit et la soif sont insatiables, au point que la perte de poids est parfois suivie d'une reprise due à l'excès alimentaire.

Parmi les personnes touchées par l'hyperthyroïdie à cause d'une maladie de Basedow :
- *44 % transpirent plus abondamment que d'habitude*
- *79 % perdent du poids*
- *62 % ont une sensation de chaleur permanente*

Parmi les personnes touchées par l'hyperthyroïdie à cause d'un goitre nodulaire :
- *44 % transpirent plus abondamment que d'habitude*
- *54 % perdent du poids*
- *39 % ont une sensation de chaleur permanente*

Les manifestations cardiaques et circulatoires

Stimulé par l'excès hormonal, le cœur s'emballe lui aussi. Il bat plus vite (tachycardie), parfois de manière désordonnée. On ressent des palpitations brutales. Ces signes sont souvent les premiers à apparaître chez les personnes ayant dépassé la cinquantaine. À cela s'ajoutent des modifications du bilan sanguin : le taux de cholestérol a tendance à diminuer, de même que les globules blancs et les plaquettes sanguines indispensables à la coagulation.

Parmi les personnes touchées par l'hyperthyroïdie à cause d'une maladie de Basedow :

- *88 % souffrent de tachycardie*

Parmi les personnes touchées par l'hyperthyroïdie à cause d'un goitre nodulaire :

- *69 % souffrent de tachycardie*

Les manifestations musculaires

La fatigue musculaire est l'un des signes les plus caractéristiques de l'hyperthyroïdie. On a l'impression que les muscles ne répondent plus normalement lorsqu'on les sollicite. On a du mal à monter un escalier sans se tenir à la rampe ou à se lever de sa chaise sans prendre appui sur les bords avec les mains. Cette tension musculaire provoque des tremblements des membres, notamment des mains.

Parmi les personnes touchées par l'hyperthyroïdie à cause d'une maladie de Basedow :

- *41 % ont des tremblements*
- *61 % souffrent d'agitation psychomotrice*

Parmi les personnes touchées par l'hyperthyroïdie à cause d'un goitre nodulaire :

- *41 % ont des tremblements*
- *34 % souffrent d'agitation psychomotrice*

Les manifestations digestives

Ce n'est pas la digestion dans son ensemble qui se dérègle, mais sa dernière étape : le transit. Celui-ci s'accélère, produisant plusieurs selles dans la journée. Cette hyperactivité intestinale tourne parfois à la véritable diarrhée.

Les manifestations sexuelles et gynécologiques

La libido est affectée par l'hyperthyroïdie comme elle l'est par l'hypothyroïdie : le désir s'émousse, la jouissance devient capricieuse. Chez les femmes, le cycle menstruel peut connaître des dérèglements (règles plus fréquentes).

Les manifestations cutanées

Parfois, on ressent des démangeaisons sur le corps. Des plaques peuvent aussi apparaître sur les jambes où la peau s'épaissit et prend une teinte plus sombre (myxœdème prétibial).

Les manifestations locales

L'hyperthyroïdie est parfois associée à un goitre plus ou moins important. Ces gonflements du cou signalent à coup sûr une atteinte de la glande, mais ils ne suffisent pas à diagnostiquer une hyperthyroïdie. Rappelons qu'ils peuvent être liés à une hypothyroïdie, et même parfois apparaître sans que le fonctionnement de la glande soit affecté. Les manifestations oculaires sont plus révélatrices. Des sensations de picotements sous les paupières sont parfois évoquées, mais c'est l'exophtalmie qui est la plus caractéristique. Ce terme désigne une saillie du globe oculaire en avant de l'orbite, accompagnée de difficultés pour ouvrir et fermer les paupières. Ce trouble est provoqué par les mêmes anticorps qui altèrent le tissu thyroïdien. L'exophtalmie, qui peut entraîner des lésions oculaires graves, est l'un des symptômes majeurs de la maladie de Basedow.

Ce qui provoque l'hyperthyroïdie...

L'étiologie de l'hyperthyroïdie est assez simple. Deux causes principales sont évoquées : les nodules (goitre nodulaire) et la thyroïdite (maladie de Basedow). Il arrive aussi que les symptômes soient dus à une ingestion trop importante d'hormones thyroïdiennes, prescrites pour soigner une hypothyroïdie. Dans ce cas, l'excès hormonal se calme rapidement dès qu'on a rectifié le traitement.

Les nodules sont des petites protubérances apparaissant sur la glande thyroïde, perceptibles à l'œil ou à la palpation. Ces nodules, très fréquents après 50 ans, sont souvent sans conséquence. Mais il arrive qu'ils produisent des hormones sans relation avec les besoins de la personne. On parle alors de nodules thyrotoxiques.

Dans la maladie de Basedow, c'est la glande tout entière qui intensifie son activité et sécrète plus d'hormones que nécessaire. Il s'agit d'une pathologie inflammatoire d'origine auto-immune (comme la thyroïdite de Hashimoto). Elle apparaît souvent après un stress intense ou une agression psycho-émotionnelle. Les fumeurs y sont plus exposés et l'hérédité semble jouer un rôle dans son déclenchement. Elle touche en majorité des femmes entre 40 et 60 ans, et représente près de 75 % des cas d'hyperthyroïdie.

La maladie de Basedow est provoquée par des anticorps qui se détournent de leur cible pour attaquer le tissu thyroïdien. Mais au lieu de détruire les cellules, ils les stimulent de manière permanente, provoquant une production hormonale inutile et délétère, à l'origine de la surstimulation métabolique et des symptômes qui en découlent.

Évaluez vous-même l'état de votre thyroïde

Seul un médecin peut diagnostiquer avec certitude un éventuel trouble thyroïdien, à partir de vos symptômes et de différents examens (voir chapitre suivant p. 47). Cependant, vous pouvez surveiller vous-même votre thyroïde en effectuant de temps en temps ce petit test.

- Munissez-vous d'un miroir à main, que vous placez face à vous de manière à voir votre gorge.
- Levez la tête, sans quitter des yeux la zone située à la base de votre cou, juste au-dessus du creux qui se forme à la jonction interne de vos clavicules. C'est là que se trouve votre thyroïde.

Thyroïde

- Prenez une gorgée d'eau et avalez-la lentement. La déglutition fera avancer votre thyroïde.
- Si vous faites ce petit test régulièrement (une fois par mois par exemple), vous pourrez repérer au premier coup d'œil les changements dans la morphologie de cette glande : une augmentation de sa masse ; d'éventuelles protubérances...
- Veillez tout de même à ne pas confondre votre pomme d'Adam (plus visible chez les hommes) avec un nodule thyroïdien.

En cas de doute, n'hésitez pas à consulter un médecin, surtout si vous ressentez des symptômes qui vous font soupçonner un dysfonctionnement thyroïdien.

Le guide du bon patient

Si vous souffrez d'un trouble thyroïdien, qu'il s'agisse d'hyper ou d'hypothyroïdie, vous allez devoir consulter régulièrement le médecin entre les mains duquel vous avez remis votre problème. Une relation va s'établir au fil des mois. Voici quelques conseils pour qu'elle devienne une véritable collaboration, sereine et efficace.

- Avant tout, arrivez à l'heure à vos rendez-vous afin de ne pas perturber son emploi du temps.
- Choisissez de préférence un médecin pas trop éloigné de votre domicile ou de votre lieu de travail. Cela vous permettra de ne pas arriver énervé et fatigué à vos rendez-vous. Cela limitera aussi les risques de retard.
- Essayez d'établir avec lui une communication efficace : répondez clairement à ses questions, exprimez votre ressenti de la manière la plus exacte possible, sans pour autant vous perdre dans des détails qui n'ont rien à voir avec votre problème.
- Pour être sûr d'être exact et précis, prenez l'habitude de noter dans un carnet les réactions et les perturbations que vous constatez entre deux rendez-vous. Vous pouvez aussi inscrire ces notes sur votre téléphone intelligent.
- Si vous avez des questions à lui poser, préparez-les à l'avance afin de les exprimer le plus clairement possible.
- Lorsque vous avez des griefs à lui exposer (cela arrive !), efforcez-vous de rester calme et de ne pas l'agresser. Il sera d'autant plus enclin à vous satisfaire.

DÉPISTER ET TRAITER LES TROUBLES THYROÏDIENS

Vous vous êtes reconnu dans les descriptions du chapitre précédent ? Vous ressentez des troubles qui vous laissent supposer un mauvais fonctionnement de votre thyroïde ? La première chose à faire est de vous rendre chez un médecin qui pourra, à partir de vos symptômes, diagnostiquer un éventuel dysfonctionnement. Avant de vous prescrire, si c'est nécessaire, un traitement adapté, il devra évaluer votre problème et en déterminer l'origine.

Ensuite, vous pourrez compléter votre trousse à outils en améliorant votre hygiène de vie quotidienne. Car, comme nous le verrons dans le chapitre suivant, le stress, les pollutions (notamment radioactives) et le tabac aggravent les perturbations thyroïdiennes. Votre thyroïde tirera bénéfice de tout ce que vous pourrez faire pour vous en protéger. Enfin, vous pourrez mettre en place de légères corrections alimentaires afin de diminuer l'ampleur de vos symptômes désagréables et d'optimiser, autant que faire se peut, votre fonctionnement thyroïdien.

Mais pour l'heure, vous êtes dans le cabinet du médecin et vous venez de lui exposer vos malaises. Voici les outils à sa disposition.

Un parcours en trois étapes

Première étape : confirmer le diagnostic

Si vos symptômes lui semblent suffisamment caractéristiques, le médecin va d'abord se mettre en quête d'une vérification diagnostique. C'est la première étape. Il commencera par vous prescrire un examen sanguin pour rechercher, selon les cas, la quantité d'hormone hypophysaire (TSH) ou d'hormones thyroïdiennes qui circulent dans votre sang. Il en tirera des informations importantes sur l'état de votre thyroïde, et surtout sur le type de déséquilibre qui l'affecte.

La TSH, d'origine hypophysaire, contrôle la thyroïde. Son taux baisse dans les hyperthyroïdies et augmente dans les hypothyroïdies. C'est la seule hormone qu'il est nécessaire de doser en première intention.

La T4 et la T3 sont d'origine thyroïdienne. Leur dosage systématique n'a pas lieu d'être en pratique courante, sauf dans certaines situations spécifiques. C'est le cas par exemple lorsque les signes cliniques évoquent un dérèglement thyroïdien alors que le taux de TSH est normal. Le dosage des T3 et T4 peut alors être utile pour affiner le diagnostic.

La T4 et la T3 circulent dans le sang sous deux formes : une forme libre et active ou une forme liée et inactive. Le dosage des formes liées (dites totales) est à bannir car il peut prêter à des confusions, voire des erreurs. Il est donc souhaitable de ne doser que les formes libres. Un exemple : chez les femmes sous pilule contraceptive, la quantité des protéines susceptibles de transporter les hormones thyroïdiennes peut augmenter, alors que la quantité d'hormones libres et agissantes reste stable. Un dosage des hormones thyroïdiennes totales peut alors prêter à confusion et laisser supposer une hyperthyroïdie qui n'existe pas.

LES VALEURS NORMALES

Même s'il ne s'agit que de moyennes, voici la fourchette que l'on estime normale dans les examens sanguins pour la TSH, et les T3 et T4 libres.

TSH : entre 0,15 et 3,5 mU par litre de sang.

T4 libre : entre 9 et 25 pmol par litre de sang.

T3 libre : entre 3,5 et 8 pmol par litre de sang.

Un taux de TSH qui dépasse 3,5 laisse soupçonner une hypothyroïdie, alors qu'en dessous de 0,15, c'est une hyperthyroïdie qui est suspectée.

Avec les T3 et T4 c'est l'inverse : un taux trop élevé indique une hyperthyroïdie, alors qu'un taux trop faible révèle une hypothyroïdie.

DEUXIÈME ÉTAPE : DÉTERMINER LES CAUSES DU DÉSÉQUILIBRE

À partir des éléments de l'examen clinique et des résultats biologiques qu'il obtient, le médecin sait si vous souffrez d'une hypo ou d'une hyperthyroïdie. Il peut aussi en évaluer l'importance. Mais pour découvrir les causes de ce dérèglement, il doit se livrer à d'autres examens.

La recherche d'anticorps antithyroïdiens

Il s'agit encore d'un prélèvement sanguin, qui permet de détecter leur présence éventuelle. Ces protéines, fabriquées par les cellules immunitaires, sont normalement produites pour permettre au corps de se protéger contre les agresseurs venant de l'extérieur : microbes, bactéries… Après une infection, les responsables sont « fichés » de manière à être rapidement repérés s'ils venaient à se représenter. Lorsque c'est le cas, l'organisme produit ces fameux anticorps qui neutralisent l'agresseur avant que l'infection s'installe.

Cependant, notre organisme produit aussi des anticorps destinés à détruire non plus des agresseurs extérieurs, mais certains tissus « étrangers ». C'est ce qui explique qu'une transfusion sanguine doit toujours être faite avec un sang d'un même groupe que celui du receveur.

De même, notre organisme produit des anticorps destinés à contrôler nos propres tissus : ce sont les autoanticorps. Ils sont normalement produits en faible quantité, essentiellement en raison de systèmes immunitaires répresseurs complexes qui bloquent leur production excessive. Mais il arrive que leur production se dérègle. Ils peuvent alors s'attaquer à des substances utiles. Parmi eux, les anticorps anti-TPO (qui bloquent une enzyme, la thyroperoxydase, indispensable à la fabrication des hormones thyroïdiennes), les anticorps antithyroglobuline (qui s'opposent au fonctionnement de cette substance), et les anticorps anti-récepteurs de la TSH (qui empêchent la thyroïde de recevoir correctement les messages de la TSH hypophysaire).

D'autres autoanticorps ne sont pas encore recherchés de manière systématique dans la pratique courante. Toutefois, il est à parier que leur recherche deviendra plus systématique dans les années à venir, permettant de mieux comprendre l'origine de certains dysfonctionnements thyroïdiens pour lesquels les mécanismes déclencheurs restent obscurs. Voici les principaux :

- Les anticorps anti-NIS touchent les transporteurs de l'iode. Leur blocage entrave cette étape essentielle dans la synthèse des hormones thyroïdiennes. Les anticorps anti-NIS ont été retrouvés chez environ 20 % des personnes souffrant de maladies thyroïdiennes auto-immunes.
- Les anticorps anti-pendrine sont dirigés contre cette protéine membranaire qui intervient dans le captage et le transport de l'iode dans la cellule thyroïdienne.
- Les anticorps anti-mégaline sont plus anecdotiques. Si l'on retrouve leur présence chez près de 50 % des patients ayant une thyroïdite auto-immune, leur rôle dans l'apparition et le développement de la maladie reste encore inconnu.
- Enfin, dans de rares cas, le médecin peut rechercher des anticorps dirigés directement contre les hormones thyroïdiennes. Ces anticorps anti-T3 et/ou anti-T4 sont retrouvés selon des fréquences variables pouvant aller jusqu'à 30 % dans certaines séries. Ils peuvent rendre compte de situations au cours desquelles, malgré des examens sanguins satisfaisants, le patient souffre toujours de troubles faisant suspecter la persistance du dérèglement hormonal.

La présence trop importante d'un ou plusieurs de ces anticorps indique que le dysfonctionnement thyroïdien a une origine auto-immune, comme c'est le cas dans les maladies de Basedow ou de Hashimoto.

L'échographie thyroïdienne

Cet examen banal et parfaitement indolore permet de visualiser la morphologie de la glande, sa taille, son volume, son aspect... Des ultrasons sont envoyés vers la glande à partir d'une sonde posée sur le cou. L'échographie est très utile en cas de goitre ou lorsqu'on sent des nodules à la palpation. Elle est également prescrite en cas d'hypothyroïdie, afin de voir si la glande a grossi et si ses tissus sont altérés.

LE VOLUME THYROÏDIEN

Le volume de la thyroïde est un critère important. Selon l'âge, il évolue. Voici les volumes moyens normaux :

- Jusqu'à 15 ans : moins de 8 cm^3.
- Chez l'homme adulte : de 8 à 20 cm^3.
- Chez la femme adulte : de 8 à 18 cm^3.

Les valeurs supérieures signalent un goitre. Les valeurs inférieures à 6 cm^3 chez l'adulte sont le signe d'une atrophie.

Les échos renvoyés par la glande sont aussi étudiés en fonction de leur forme et de leur densité. Ils permettent de repérer d'éventuels nodules et de savoir, sur l'instant, s'il s'agit de simples kystes (qui apparaissent en noir à l'écran) ou de nodules parenchymateux dont certains peuvent évoluer en cancers (qui renvoient des échos irréguliers).

Dans le cas des thyroïdites auto-immunes (qu'il s'agisse d'hyper ou d'hypothyroïdies), l'échographie montre des images très évocatrices permettant parfois de suspecter le diagnostic alors même que la recherche sanguine des anticorps antithyroïdiens reste négative. En outre, dans le cadre des hyperthyroïdies, l'écho-doppler permet d'étudier la vascularisation thyroïdienne. Le dysfonctionnement thyroïdien augmente cette vascularisation. Sa normalisation après traitement est un bon critère de succès.

Plus récemment, l'élastographie des nodules thyroïdiens, réalisée au cours d'un examen échographique, permet d'en suspecter la nature : pour faire simple, plus le nodule est mou, moins il est cancéreux ; plus il est dur, plus le risque de cancer est élevé.

VOTRE NODULE EST-IL CANCÉREUX ?

Certains critères permettent d'évaluer le degré de malignité des nodules thyroïdiens. Voici les principaux :

- Nodule solide hypo-échogène (qui renvoie un écho peu puissant).
- Présence de microcalcifications intranodulaires (petites zones calcaires).
- Contours irréguliers ou rupture du halo clair périphérique (zone qui entoure le nodule).

Signalons l'existence d'une nouvelle classification, la TIRADS (*Thyroid Imaging-Reporting and Database System*), qui permet aux médecins d'évaluer certaines lésions indépendamment de leur taille et de leur histologie (analyse des cellules au microscope).

La scintigraphie thyroïdienne

C'est un examen un peu plus complexe (il se pratique uniquement dans des centres spécialisés), mais absolument indolore et sans danger malgré l'utilisation d'un produit radioactif. Il permet de voir « en direct » le fonctionnement de la thyroïde. On injecte d'abord au patient une très faible dose d'iode radioactif (on peut aussi parfois l'administrer par voie orale). Puis le médecin suit sur un écran le trajet de cette substance jusqu'à la thyroïde, où elle se fixe. Il peut ainsi visualiser la glande pendant qu'elle travaille et en déduire des informations sur la nature et l'origine de son dysfonctionnement. À l'image, les zones qui ne produisent pas d'hormones ne sont pas colorées (zones froides). À l'inverse, les tissus qui produisent des hormones en excès apparaissent très colorés (zones chaudes).

La scintigraphie est surtout prescrite en cas d'hyperthyroïdie. Elle permet de voir si le dysfonctionnement est global (il touche l'ensemble de la glande) ou s'il est dû à la présence de nodules hyperactifs. Cet examen est également prescrit après une ablation pour vérifier que l'ensemble du tissu thyroïdien a bien été éliminé.

La cytoponction thyroïdienne

Lorsqu'un nodule est dépisté (à la palpation, à l'échographie ou à la scintigraphie), il est utile d'analyser les cellules qui le composent afin de déterminer si elles sont de nature cancéreuse. C'est le rôle de cette cytoponction, qui consiste à plonger une très fine aiguille dans le nodule afin de prélever quelques cellules qui seront ensuite observées au microscope. Cet examen, absolument indolore, se pratique sans anesthésie et ne présente aucune difficulté particulière. Cependant, si vous craignez cette ponction en raison de la douleur liée à la piqûre, il est possible de faire une anesthésie locale grâce à une pommade anesthésiante.

Le prélèvement peut être effectué soit par ponction directe si le nodule est accessible à la palpation, soit au cours d'un examen échographique, si le nodule n'est pas palpable.

LA CLASSIFICATION BETHESDA

En octobre 2007, une réunion concernant la cytoponction des nodules thyroïdiens s'est tenue à Bethesda (USA) en présence d'un large panel de pathologistes, d'endocrinologues et de chirurgiens. Le but de cette conférence était de faire le point sur les techniques, les critères diagnostiques, la terminologie et le suivi des cytoponctions thyroïdiennes.

Voici la classification qui a été adoptée à la suite de cette réunion :

Diagnostic	*Risque de malignité*
• Nodule bénin	0 à 3 %
• Nodule atypique ou lésion folliculaire sans signification précise	5 à 15 %
• Suspicion de néoplasme (cancer) folliculaire	15 à 30 %
• Suspicion de malignité (cancer)	60 à 75 %

Quelques examens complémentaires

Dans certains cas, il peut être utile d'effectuer un dosage de l'iode par voie sanguine ou urinaire (sur les urines de 24 heures). La présence excessive ou insuffisante de cette substance donne des indications sur les causes du déséquilibre thyroïdien et oriente le traitement. Le dosage de la thyro-calcitonine est plus rarement prescrit. Cet examen sanguin permet de dépister les cancers médullaires thyroïdiens. Le dosage de la thyroglobuline n'est d'aucune utilité pour dépister un cancer thyroïdien, en revanche, il permet de déceler une éventuelle récidive cancéreuse après ablation de la glande. Le scanner et l'IRM, plus rares, complètent la panoplie.

TROISIÈME ÉTAPE : CHOISIR LE TRAITEMENT ADAPTÉ

Vient enfin le traitement, qui aura pour but de rétablir l'équilibre. Il est le plus souvent médicamenteux. Dans la plupart des cas, il s'agira d'antithyroïdiens destinés à bloquer l'activité exagérée de la glande (hyperthyroïdie) ou d'hormones thyroïdiennes pour compenser la carence (hypothyroïdie). Parfois, des traitements à base d'iode radioactif sont prescrits pour stabiliser l'hyperthyroïdie, ainsi que des bêtabloquants destinés à réduire l'activité des hormones thyroïdiennes sur leurs récepteurs et la transformation périphériques des T4 en T3.

La chirurgie est parfois nécessaire pour éliminer tout ou partie des tissus thyroïdiens. Ces ablations sont couramment pratiquées et ne présentent aucun danger. Elles doivent pourtant être exécutées avec beaucoup de soin car la glande thyroïde, bien que facilement accessible (sur l'avant du cou, juste sous la peau), est parcourue sur sa face arrière par des nerfs qui assurent la mobilité des cordes vocales (nerfs récurrents). En outre, les glandes parathyroïdes (généralement au nombre de 4) qui régulent le métabolisme du calcium sont enchâssées à la face postérieure de la thyroïde. Mais les accidents opératoires restent extrêmement rares.

Dépister et soigner l'hypothyroïdie

Vous soupçonniez de souffrir d'hypothyroïdie ? Avant toute chose, le médecin va écouter vos plaintes, palper votre thyroïde et vous prescrire une première analyse de sang. C'est à partir de ces éléments qu'il pourra (ou non) poursuivre ses investigations et établir le traitement.

LES PREMIERS EXAMENS

Le médecin vous a d'abord prescrit un dosage de TSH. C'est ce qu'on appelle un « examen de première intention ». Les résultats sont très faciles à interpréter, car même si les symptômes sont réduits (voire absents), un taux élevé de TSH signifie que l'hypophyse est obligée de multiplier les messages pour inciter la thyroïde à faire son travail. On parle alors d'une hypothyroïdie « partielle compensée » ou « infraclinique ». Mais cette surstimulation de la thyroïde par les hormones hypophysaires ne peut pas fonctionner indéfiniment. À terme, la thyroïde ne parviendra plus à produire suffisamment d'hormones, malgré les messages incessants de l'hypophyse.

Si un taux élevé de TSH est associé à des symptômes marqués, le médecin conclura à une hypothyroïdie installée, aussi appelée « hypothyroïdie vraie » ou « avérée ». Il pourra alors faire pratiquer un dosage des T3 libres et T4 libres pour parfaire son diagnostic. Si leur taux est trop faible, l'hypothyroïdie sera vraiment confirmée.

LES EXAMENS COMPLÉMENTAIRES

Lorsque le médecin a palpé votre glande thyroïde, il a pu percevoir de l'extérieur certaines anomalies : thyroïde trop volumineuse (goitre), nodules décelables au toucher. Pour en avoir le cœur net, il vous prescrira alors une échographie afin de visualiser la glande dans son ensemble. Mais il ne vous enverra probablement pas faire une scintigraphie, cet examen étant rarement utile pour l'évaluation des hypothyroïdies.

Le médecin pourra également vous prescrire un dosage des anticorps anti-TPO (anti-thyro-peroxydase) et anti-thyro-globuline, afin de vérifier si votre hypothyroïdie est d'origine auto-immune.

Dans certains cas, des recherches familiales peuvent être demandées lorsque le trouble peut avoir une origine génétique.

LES RECOMMANDATIONS DE L'ANAES

L'Agence nationale d'accréditation et d'évaluation de la santé recommande aux médecins les examens suivants pour le diagnostic et la surveillance des hypothyroïdies.

	DIAGNOSTIC	SURVEILLANCE
Examens de 1re intention	– TSH	– TSH
Examens de 2e intention	– T4/libres – Anticorps anti-TPO – Test à la TRH (en cas de suspicion d'hypothyroïdie secondaire ou tertiaire)	– Exceptionnellement T4/libres ou T3/libres (en cas de traitement à la L-Thyroxine) – T3/libres (en cas de traitement à la triiodothyronine)
Examens inutiles	– T3/libres – Autres dosages immunologiques – Thyroglobuline – Iodurie – Lipides (sauf évaluation des facteurs de risque cardio-vasculaire)	– Autres dosages immunologiques – Thyroglobuline – Iodurie – Lipides (sauf évaluation des facteurs de risque cardio-vasculaire)

LE TRAITEMENT

C'est la partie la plus simple du dispositif : pour soigner une hypothyroïdie, il suffit d'apporter au corps, par voie médicamenteuse, les hormones manquantes. Il s'agit donc d'une forme de complémentation hormonale, au même titre que le traitement hormonal substitutif de la ménopause. Ce type de traitement est généralement définitif : il doit être pris à vie. Mais les produits sont parfaitement tolérés et l'observance est simple : une dose quotidienne à prendre le matin, sous forme de comprimé.

Autrefois, les patients avaient à leur disposition des extraits de glande thyroïdienne. Cela posait un problème car l'effet des produits était variable. Il fallait donc réadapter en permanence le traitement. Aujourd'hui, les médicaments contiennent des molécules de synthèse beaucoup plus fiables. Une fois que l'on a trouvé la bonne dose, il suffit de poursuivre le traitement.

Pour trouver cette dose « idéale », il faut parfois tâtonner un peu. Au début, le médecin prescrit une dose moyenne qu'il détermine en fonction des résultats des analyses sanguines et de votre poids corporel. Par la suite, il peut diminuer ou augmenter la posologie jusqu'à trouver la bonne dose, c'est-à-dire celle qui procure un bien-être quotidien. Votre ressenti constitue votre principale boussole.

Une fois le traitement stabilisé, un examen sanguin annuel suffit pour contrôler l'effet du traitement. Celui-ci doit révéler un taux de TSH assez bas et un taux de T3/T4 acceptable. Il faut souvent augmenter progressivement les doses au fil des ans, ce réajustement se faisant à partir des symptômes et des dosages sanguins.

Certains traitements interfèrent avec les hormones thyroïdiennes, notamment les gels d'aluminium que l'on peut prendre pour calmer les brûlures digestives ou certains produits à base de fer prescrits pour augmenter le nombre de globules rouges en cas d'anémie. Une fois encore, c'est à partir du ressenti quotidien et des examens sanguins que l'on peut ajuster le traitement.

Les médicaments sont de deux types : certains produits contiennent uniquement des T4 (Lévothyrox®), d'autres des T3 (Cynomel®), d'autres encore des T3 et des T4 (Euthyral®). Le choix sera fait par le médecin en fonction de son diagnostic et de votre réaction.

LORSQU'ON N'A PLUS DE THYROÏDE...

Après une ablation totale de la thyroïde, le corps ne produit plus du tout d'hormones. Il faut donc compenser cette carence définitive. Ce type d'hypothyroïdie « totale » est soigné de la même manière, avec les mêmes médicaments, mais les doses sont généralement plus élevées. La surveillance se fait de la même façon : des dosages de TSH (une ou deux fois par an), afin de vérifier que l'hypophyse a complètement cessé d'envoyer des messages en direction de la glande qui a disparu.

Dépister et soigner l'hyperthyroïdie

Lorsque vous arrivez dans le cabinet du médecin, il procède avant tout à l'examen clinique : il écoute vos plaintes et palpe votre thyroïde. À partir des informations qu'il tire de ces premiers gestes, il entreprend un parcours un peu plus compliqué que pour l'hypothyroïdie.

LES PREMIERS EXAMENS

Première étape, une fois encore, les examens sanguins. Le médecin va vous prescrire un dosage de la TSH. Première constatation en cas d'hyperthyroïdie : la TSH est basse. La thyroïde produisant trop d'hormones, l'hypophyse peut baisser sa vigilance et envoyer moins de messages. Mais un taux de TSH bas ne suffit pas à affirmer qu'il y a une hyperthyroïdie. Il arrive que cette hormone diminue dans le sang sans qu'il y ait pour autant un excès d'hormones thyroïdiennes. C'est le cas, par exemple, dans les périodes de stress intense. Les symptômes associés permettent alors au médecin de faire le point : si le patient n'en présente aucun (amaigrissement, augmentation du rythme cardiaque, tremblements...) c'est que la baisse de TSH n'est pas nécessairement liée à une hyperthyroïdie. Il pourra confirmer son diagnostic en faisant doser les T3 libres et T4 libres. Si le taux de ces hormones thyroïdiennes est trop élevé, il saura à coup sûr que son patient souffre d'hyperthyroïdie.

LES EXAMENS COMPLÉMENTAIRES

Deuxième étape, trouver l'origine du déséquilibre. La palpation permet déjà au médecin de déceler une éventuelle hypertrophie de la glande (goitre) ou la présence de nodules qui pourraient être à la base de l'hyperthyroïdie. Il fera alors pratiquer une échographie pour visualiser la glande, et surtout une scintigraphie. C'est un examen majeur dans ce domaine. Il permet non seulement de déceler le fonctionnement des éventuels nodules, mais aussi (et surtout) de voir s'ils produisent des hormones thyroïdiennes en excès. Quand ce n'est pas la glande tout entière qui s'affole et devient hyperactive.

Lorsqu'il n'y a ni goitre ni nodule, il faut chercher une autre cause à l'hyperthyroïdie. Le médecin se tourne alors vers les dosages d'anticorps. Il fera notamment doser les anticorps anti-récepteurs de la TSH, qui brouillent le message de l'hormone hypophysaire et incitent la thyroïde à produire trop d'hormones. Leur présence indique une probabilité de maladie de Basedow.

LES RECOMMANDATIONS DE L'ANAES

L'Agence nationale d'accréditation et d'évaluation de la santé recommande aux médecins les examens suivants pour le diagnostic et la surveillance des hyperthyroïdies.

	DIAGNOSTIC POSITIF	DIAGNOSTIC ÉTIOLOGIQUE	SURVEILLANCE
Examens de 1re intention	– TSH		– TSH, hormones libres T4/libres ou T3/libres
Examens de 2e intention	– T4/libres – T3/libres (si T4/libres normale et TSH basse)	– Anticorps anti-TPO (hyperthyroïdie auto-immune) – Anticorps anti-récepteurs de la TSH (maladie de Basedow) – Thyroglobuline (thyrotoxicose factice) – Iodémie/iodurie (hyperthyroïdie iatrogène) – VS, CRP (thyroïdite de De Quervain) – Test à la TRH (adénome thyréotrope, résistance aux hormones thyroïdiennes)	– Anticorps anti-récepteurs de la TSH (dans la maladie de Basedow)
Examens inutiles	– Test à la TRH (sauf situation exceptionnelle) – Anticorps anti-TPO – Anticorps anti-thyroglobuline – Anticorps antirécepteurs de la TSH – Thyroglobuline – Thyroxin Binding Globulin (TBG) – Iodémie/iodurie – VS, CRP – Lipides	– TBG – Lipides	– Thyroglobuline – TBG – Iodémie/iodurie – VS, CRP – Lipides

L'hyperthyroïdie est parfois due à une simple inflammation de la glande. Le plus souvent, il s'agit d'une maladie de De Quervain. L'inflammation est alors associée à des symptômes typiques (violentes douleurs au niveau du cou, fièvre) que le médecin peut rapidement déceler dans le discours de son patient. Cependant, il arrive que cette maladie ne provoque aucune douleur. Beaucoup plus rarement, l'inflammation peut aussi révéler une maladie de Hashimoto débutante.

LE TRAITEMENT

Selon les cas, l'hyperthyroïdie se soigne par voie médicamenteuse ou chirurgicale. Les ATS, ou antithyroïdiens de synthèse, sont les plus largement prescrits (Propylthiouracile® ou Proracyl®, Basdène®, Thyrozol® ou Néo-Mercazole®).

Ces médicaments, très efficaces, contiennent des molécules capables de bloquer la synthèse des hormones. Mais la mise au point du traitement demande un peu de doigté, car dans un premier temps, les hormones contenues dans la glande continuent à se déverser dans le sang. S'ajoute à cela le temps nécessaire pour que le blocage hormonal soit effectif (au moins deux semaines). Il faut donc tâtonner un moment avant de déterminer la bonne posologie. Ajoutons que la prescription d'un ATS s'accompagne d'une surveillance obligatoire des globules blancs pendant les 6 premières semaines de traitement.

Dans tous les cas, les ATS sont prescrits en première intention, même si la chirurgie est déjà envisagée, car une opération sur une personne hyperthyroïdienne peut déclencher de graves crises d'hyperthyroïdie (crise aiguë thyrotoxique).

LES ANTITHYROÏDIENS DE SYNTHÈSE

NOM COMMERCIAL	NOM CHIMIQUE	PRÉSENTATION (CP* EN MG)	POSOLOGIE D'ATTAQUE	POSOLOGIE D'ENTRETIEN
Propylthiouracile® ou Proracyl®	Propylthiouracyle	25	8 à 12 cp*	1 à 3 cp*
Basdène®	Benzylthiouracile	25	8 à 12 cp*	4 cp*
Néo-Mercazole®	Carbamizole	5 20	8 à 12 cp* 2 à 3 cp*	2 à 3 cp* 2 à 3 cp* + thyroxine
Thyrozol®	Thiamazole	5 10 20	2 à 8 cp* 1 à 4 cp* ½ à 2 cp*	1 à 2 cp* ½ à 1 cp* ½ cp*

* cp = comprimés

Deux démarches sont possibles. Autrefois, on commençait par prescrire de fortes doses de produits, puis on les réduisait progressivement en vérifiant la réaction du patient par des analyses de sang régulières. Cette méthode n'était pas dénuée d'inconvénients car l'hypothyroïdie provoquée par le traitement n'est pas facile à contrôler. En outre, elle demande de fréquents dosages sanguins pour adapter la posologie du traitement. C'est pourquoi, aujourd'hui, une autre méthode est proposée (selon le protocole décrit par Romaldini) : on donne de fortes doses d'ATS, associées aux mêmes hormones thyroïdiennes que l'on prescrit en cas d'hypothyroïdie. Les secondes compensent les réactions brutales provoquées par les premiers, ce qui permet à l'hyperthyroïdie de se stabiliser rapidement, sans inconvénients pour le patient.

Lorsque l'hyperthyroïdie est modérée, il est possible de prescrire des bêtabloquants. Leur effet premier est de bloquer l'action de certains neuromédiateurs cérébraux. Mais ils ont une action supplémentaire : ils réduisent la transformation périphérique de T4 en T3. C'est parfois suffisant pour rééquilibrer le fonctionnement thyroïdien, mais ces cas sont rares car la bascule vers une hyperthyroïdie plus sévère est toujours possible et impose une surveillance stricte. Ces hyperthyroïdies modérées se rencontrent parfois dans les maladies de Hashimoto débutantes, lorsqu'elles commencent par une hyperthyroïdie discrète qui se transforme ensuite en hypothyroïdie.

Contrairement aux hormones thyroïdiennes, que l'on doit prendre à vie, ces traitements durent en général 18 mois. Dans 70 à 75 % des cas, la guérison est au rendez-vous. Cependant, les ATS au long cours sont rarement prescrits après un certain âge car les chances de guérison sont plus limitées. Ils ne sont pas adaptés non plus lorsque l'hyperthyroïdie s'accompagne d'une glande thyroïde présentant des nodules importants. Là encore, les chances de guérison au long cours sont faibles.

Dans ce cas (ou lorsque les traitements n'ont pas produit l'effet escompté), il reste une solution pour « radicaliser » le traitement de l'hyperthyroïdie : la chirurgie. Il peut s'agir d'une ablation totale lorsque l'hyperthyroïdie est en relation avec un dysfonctionnement de toute la glande thyroïde (maladie de Basedow) ou d'une ablation partielle de la glande si le patient est porteur de nodules engendrant l'hyperthyroïdie. Cette opération très courante ne pose pas de problème majeur. Mais elle demande un traitement préparatoire à base d'ATS pour diminuer l'excès hormonal, et un traitement postopératoire pour traiter l'hypothyroïdie qui en découle.

Il est également possible de prescrire un traitement par iode radioactif (irathérapie) qui consiste à bloquer la fonction thyroïdienne de façon plus progressive. Ces traitements sont préférés pour les personnes âgées, ou celles pour qui toute chirurgie serait périlleuse (risque opératoire).

Le Régime thyroïde IG

Quand l'hyper et l'hypo se confondent...

Il arrive parfois qu'une hyperthyroïdie cache une hypothyroïdie en préparation. C'est le cas dans la thyroïdite de Hashimoto. L'excès d'hormones ne vient pas alors d'une sécrétion excessive de la glande, mais d'une libération brutale des hormones qu'elle contient, provoquée par l'inflammation des tissus. Mais le taux d'hormones baisse rapidement dans le sang, provoquant une hypothyroïdie durable.

PRENDRE SOIN DE SA THYROÏDE AU QUOTIDIEN

L a thyroïde est une glande très influençable. Elle est soumise à notre environnement, à notre alimentation, et même à nos états d'âme. Plusieurs études ont montré, par exemple, que son fonctionnement se modifie en fonction des saisons. L'une d'elles[*] a porté sur des sujets sains ayant passé un an en Antarctique. À l'issue de ce séjour, leur taux de T3 était abaissé et leur taux de TSH augmenté, signe que leur thyroïde fonctionnait au ralenti[**].

Parmi les nombreux méfaits du tabac figure son impact sur la thyroïde. Les polluants contenus dans la fumée de cigarette perturbent sérieusement le fonctionnement de cette glande. Ce ne sont pas les seuls : de nombreuses substances présentes dans notre environnement influencent la production des hormones. Quant au stress, les

* Étude menée en 1995 par R. C. Stawhney *et al.*, publiée dans le *Journal européen de physiologie appliquée.*
** Certains médecins recommandent parfois à leurs patients hypothyroïdiens les plus sensibles de diminuer un peu leurs doses de médicament en été et de les augmenter en hiver. Cependant, si l'impact de la saison et de la température sur la TSH semble avéré, il n'en est pas de même pour les T3 car l'organisme met en place des mécanismes adaptatifs très complexes, liés notamment au fait que les hormones thyroïdiennes interviennent dans la régulation de notre température interne.

chercheurs connaissent depuis longtemps son effet déclencheur et amplificateur sur certaines thyroïdites d'origine auto-immune.

Enfin, personne n'ignore que les pollutions radioactives peuvent être à l'origine de troubles thyroïdiens graves pouvant aller jusqu'au cancer. L'accident nucléaire de Tchernobyl, en 1986, a révélé cet impact au grand public. Plus de 25 ans plus tard, le taux de pathologies thyroïdiennes a augmenté dans tous les pays survolés par le nuage radioactif qui s'est dégagé des réacteurs après l'explosion.

Certains de ces ennemis sont hors de notre portée : nous ne pouvons pas nous protéger, par exemple, contre les polluants en suspension dans l'air que nous respirons. Mais d'autres sont entre nos mains. Nous pouvons toujours arrêter de fumer, améliorer notre alimentation (voir chapitres suivants) et mieux gérer notre stress pour mettre notre thyroïde à l'abri de certaines agressions. Ainsi soulagée, elle se montrera plus résistante contre les pollutions inévitables.

Le tabac : un ennemi déclaré

Tout le monde connaît les effets dévastateurs du tabagisme sur la sphère respiratoire (gorge, larynx, poumons…) et sur le système cardiovasculaire (cœur, artères, pression artérielle…). Il faut ajouter à cette liste son action destructrice sur la thyroïde. Certains de ses composants perturbent le fonctionnement de cette glande et altèrent ses tissus, au point de jouer un rôle déclencheur ou aggravant chez les personnes ayant une prédisposition.

DES ÉTUDES PARFOIS CONTRADICTOIRES

C'est notamment le cas des thiocyanates. Ces composés sulfurés organiques, également présents dans certains aliments (voir chapitre suivant), inhibent le transport cellulaire de l'iode dont on connaît l'importance pour la sécrétion des hormones thyroïdiennes. Ils peuvent aussi freiner la captation de l'iode par la thyroïde, ce qui aboutit au même résultat.

La consommation de tabac dégage également des pyridines, qui entravent l'action d'une enzyme indispensable à la transformation périphérique de T4 en T3. Autre exemple : le benzopyrène. Directement carcinogène, il accélère la production et l'excrétion des T4 en intervenant directement dans le fonctionnement de la glande. Pour ne citer que quelques exemples.

Il semble également que la carence en iode augmente l'effet négatif du tabac sur l'activité thyroïdienne, tout comme les prédispositions génétiques. Dans les régions carencées en iode, comme l'Afrique centrale, le nombre de goitres est plus élevé dans la population des fumeurs, ainsi que les nodules multiples. Cependant, l'action du tabac est paradoxale. Il semble qu'en premier lieu, le tabagisme stimule la fonction thyroïdienne et provoque plutôt des hyperthyroïdies. Mais selon une étude[*] effectuée sur un groupe de femmes fumeuses présentant une hypothyroïdie intraclinique (détectable aux examens sanguins mais pas encore associée à des symptômes), le tabac aggraverait le problème en provoquant une augmentation de la TSH, une diminution des T4 et une élévation du taux de mauvais cholestérol (LDL).

---

[*] Étude effectuée par B. Muller *et al.*, publiée en 1995 dans le *New English Journal of Medecine*.

Ce n'est pas tout. Le tabac est particulièrement nocif au niveau immunitaire. En 1993, une étude[*] a clairement montré que, parmi les personnes touchées par la maladie de Basedow (hyperthyroïdie auto-immune), le nombre de fumeurs était statistiquement plus important que dans la population globale. Il en est de même de la récidive après traitement : elle est de 57 % chez les fumeurs, contre 18 % chez les non-fumeurs[**]. Les chercheurs savent depuis longtemps que la consommation régulière de tabac affecte nos réponses immunitaires et diminue le nombre de certains lymphocytes. Ce mécanisme augmenterait en même temps la production d'anticorps susceptibles d'attaquer le tissu thyroïdien. Les hypothyroïdies d'origine auto-immune (maladie de Hashimoto) sont également concernées.

Ces données sont confirmées par les études les plus récentes. Ainsi, une étude publiée en février 2012[***] montre clairement qu'il y a un lien entre le tabagisme et le bas niveau de TSH dans le sang. Par ailleurs, une méta-analyse (comparant les résultats de plusieurs études) publiée en 2002[****] montre que l'arrêt du tabac diminue le risque de trouble thyroïdien lié à la grossesse chez les femmes enceintes.

Les résultats des études peuvent donc sembler contradictoires : certains montrent une augmentation de la production hormonale thyroïdienne et d'autres une diminution ; certaines pointent une augmentation de l'hyperthyroïdie et d'autres de l'hypothyroïdie.

---

[*] Étude menée par M. F. Prummel et W. M. Wiersinga, publiée en 1993 dans le *JAMA*.

[**] Ces résultats font partie d'une étude de D. Glinoer *et al.*, présentée au cours 12e congrès international de la thyroïde, à Kyoto, en octobre 2000.

[***] Étude menée par L. Mehran, A. Amouzagar, H. Delshad et F. Azizi, intitulée « The association of cigarette smoking with serum TSH concentration and thyroperoxidase antibody », publiée en février 2012 dans *Exp. Clin. Endocrinol. Diabetes*.

[****] Étude publiée par le *Journal européen d'endocrinologie* en 2002.

Cela s'explique par le fait que le tabagisme interfère avec des mécanismes extrêmement complexes et fragiles. Mais une chose est sûre : les fumeurs font courir un risque à leur thyroïde.

Sevrage, mode d'emploi

La solution est simple : arrêter de fumer. Mais simple ne signifie pas toujours facile ! Si le sevrage tabagique procédait d'une banale décision et ne présentait pas de difficultés, cela se saurait depuis longtemps. C'est pourtant la seule voie de sortie. Une voie radicale, car le sevrage progressif n'est pas possible. Tous les anciens fumeurs sont d'accord sur un point : une fois qu'on a réussi à s'arrêter, il ne faut plus jamais toucher une cigarette car le risque de replonger est très grand.

Le sevrage est une entreprise plus difficile pour certains que pour d'autres. Tous les fumeurs ne sont pas égaux devant leur addiction : certains subissent une dépendance physique à la nicotine plus importante ; d'autres sont plus affectés par la dépendance psychologique et comportementale à cet instrument de mise à distance du stress. S'ajoute à cela la culpabilité que l'on éprouve chaque fois qu'on allume une cigarette, une fois que l'on a pris conscience de la nécessité d'arrêter. Un vrai cercle vicieux dont les fumeurs ont souvent bien du mal à s'extraire.

La première étape consiste à faire le point sur sa dépendance physique et psycho-comportementale. Il existe pour cela deux tests : celui de Fagerström et celui de Horn. Le premier permet de mesurer le degré de dépendance physique à la nicotine. Le second aide à décrire l'addiction de manière à repérer les situations ou les émotions qui poussent à fumer. Ce premier état des lieux aide à la fois à renforcer la motivation, et à savoir sur quels leviers agir pour arrêter de fumer. Car s'il existe de nombreuses techniques pour aider au sevrage, aucune ne peut prendre la décision à la place du fumeur. Et cette décision est essentielle. C'est la pierre sur laquelle vous devrez vous appuyer pour entreprendre ce chemin difficile. Personne ne peut prendre cette décision à votre place et sans une motivation solide, les rechutes sont fréquentes.

LE TEST DE FAGERSTRÖM : ÊTES-VOUS ACCRO À LA CIGARETTE ?

Répondez aux questions suivantes, calculez le total de vos points puis regardez où vous vous situez dans l'interprétation des résultats.

- Combien de temps après votre réveil fumez-vous votre première cigarette ?
  ❑ Moins de 5 minutes   3   ❑ Entre 31 et 60 minutes   1
  ❑ Entre 6 et 30 minutes   2   ❑ Plus de 60 minutes   0

- Éprouvez-vous des difficultés à ne pas fumer dans les endroits interdits :
  ❑ Oui   1   ❑ Non   0

- Quelle cigarette vous paraît la plus indispensable ?
  ❑ La première   1   ❑ Les suivantes   0

- Combien de cigarettes fumez-vous par jour ?
  ❑ 31 ou plus   3   ❑ 11 à 20   1
  ❑ 21 à 30   2   ❑ 10 ou moins   0

- Fumez-vous de façon plus rapprochée dans la première heure qui suit votre réveil ?
  ❑ Oui   1   ❑ Non   0

- Fumez-vous même si une maladie vous oblige à rester au lit ?
  ❑ Oui   1   ❑ Non   0

Résultats

- Entre 0 et 2 : Vous n'avez pas de dépendance.
- Entre 3 et 4 : Vous avez une faible dépendance.
- Entre 5 et 6 : Vous avez une dépendance moyenne.
- Entre 7 et 8 : Vous avez une dépendance forte.
- Entre 9 et 10 : Vous avez une très forte dépendance.

LE TEST DE HORN : POURQUOI FUMEZ-VOUS ?

Lisez les différentes situations qui sont décrites dans le test et notez vos réactions habituelles. Puis faites le total de vos points et reportez-vous aux résultats.

Toujours	5
Souvent	4
Moyennement	3
Parfois	2
Jamais	1

| 5 | 4 | 3 | 2 | 1 |

- Je fume pour me donner un coup de fouet : | 5 | 4 | 3 | 2 | 1 |
- Je fume pour me donner du courage : | 5 | 4 | 3 | 2 | 1 |
- Je fume pour en imposer aux autres : | 5 | 4 | 3 | 2 | 1 |

Total 1 : ....

- Je prends plaisir à fumer et à tenir ma cigarette : | 5 | 4 | 3 | 2 | 1 |
- Le plaisir, c'est d'abord de manipuler ma cigarette : | 5 | 4 | 3 | 2 | 1 |
- J'ai du plaisir à regarder les volutes de fumée : | 5 | 4 | 3 | 2 | 1 |

Total 2 : ....

- Tirer sur une cigarette est relaxant :   5 4 3 2 1
- Il y a quantité de plaisirs dans l'acte de fumer :   5 4 3 2 1
- Je fume même si je suis détendu :   5 4 3 2 1

Total 3 : ....

- J'allume une cigarette quand je suis soucieux :   5 4 3 2 1
- Je fume quand je suis mal à l'aise :   5 4 3 2 1
- Je fume pour oublier que j'ai le cafard :   5 4 3 2 1

Total 4 : ....

- Quand je n'ai plus de cigarettes, je cours
  en acheter :   5 4 3 2 1
- Je ne suis pas dans le coup quand je ne
  fume pas :   5 4 3 2 1
- J'ai toujours besoin de manipuler quelque
  chose :   5 4 3 2 1

Total 5 : ....

- Je fume avec automatisme :   5 4 3 2 1
- J'allume une cigarette alors qu'une autre brûle
  dans le cendrier :   5 4 3 2 1
- J'oublie la cigarette qui est dans ma bouche :   5 4 3 2 1

Total 6 : ....

Résultats

- **Le premier score** révèle votre attitude par rapport à la stimulation que procure le tabac.
- **Le deuxième score** révèle votre relation au plaisir que représente le geste de fumer.
- **Le troisième score** révèle votre attitude par rapport à la relaxation que procure le fait de fumer.
- **Le quatrième score** révèle votre relation à l'anxiété et votre besoin de soutien.
- **Le cinquième score** révèle votre relation au besoin impérieux de fumer.
- **Le sixième score** révèle votre relation à l'habitude que vous avez acquise en fumant.

Vous en savez maintenant un peu plus sur votre addiction. Vous connaissez votre degré de dépendance physique et vous avez une idée de ce qui est le plus important pour vous dans l'acte de fumer (votre score le plus important dans le second test). Vous allez ainsi pouvoir, par exemple, éviter les situations stressantes et apprendre à vous relaxer autrement si vous fumez avant tout pour calmer votre anxiété. Mais si votre addiction relève plutôt de l'habitude, vous pourrez éliminer de chez vous tout ce qui touche à la cigarette : briquets, cendriers… Si c'est une vraie quête de plaisir qui vous guide, vous devrez trouver d'autres plaisirs susceptibles de remplacer celui-ci sans pour autant mettre en jeu votre santé (évitez de remplacer les cigarettes par du chocolat ou des bonbons !).

Ainsi équipé, vous pourrez plus facilement choisir parmi les nombreuses méthodes d'accompagnement. Une fois armé de votre décision et de votre courage (il en faut pour les grands fumeurs), vous pourrez faire de la relaxation, du sport, quelques séances d'acupuncture ou d'auriculothérapie... Et si vous n'y parvenez pas seul, vous pourrez opter pour une psychothérapie d'accompagnement et de soutien. Tout cela demande des efforts, mais votre thyroïde vous en remerciera !

Le stress : un ennemi sournois

Chaque fois que nous sommes soumis à un stress intense, un véritable orage hormonal se déclenche dans notre corps. Son but : nous permettre de réagir à l'urgence de la situation. Dans les coulisses de notre organisme, la pièce qui se joue alors est la même depuis des millénaires.
Comme nos ancêtres qui, confrontés à un danger, n'avaient qu'une alternative : fuir ou lutter. Ainsi, des sécrétions hormonales permettent au sang d'affluer dans les muscles et le cerveau, au détriment des organes de la digestion ou de l'assimilation, pour nous permettre d'être plus efficace dans la lutte ou la fuite. Il n'y a donc rien d'étonnant à ce que le stress influence le fonctionnement de notre thyroïde. Notre système hormonal est une délicate horloge, et les coups d'accélérateur et de frein générés par le stress ne peuvent que la dérégler.

DES MÉCANISMES ENCORE MAL CONNUS

Dès 1927, une étude a relevé que dans 85 % des cas, les personnes atteintes de la maladie de Basedow (hyperthyroïdie d'origine auto-immune) avaient vécu un événement stressant avant que le trouble se déclare. Depuis, la recherche a continué à avancer. On sait, par exemple, que les événements perturbants interviennent le plus souvent dans un délai de 1 à 2 ans avant le déclenchement de la maladie. Une étude suédoise* portant sur 208 malades confirme que les personnes touchées par cette maladie ont traversé davantage d'événements négatifs que les autres. Un autre chercheur** a étudié une population d'anciens militaires, vétérans d'un conflit armé. Ceux qui montraient les signes de stress les plus flagrants (symptômes psychosomatiques, dépression, anxiété...) avaient aussi un taux de T3 élevé.

Des études récentes confirment ces constatations. L'une d'elles***, publiée en 2011, a étudié l'impact des facteurs de stress urbain (chimiques, physiques et psychosociaux) sur un groupe de femmes actives. Elle révèle que les femmes travaillant en milieu extérieur présentent un taux de TSH dans le sang plus élevé que celles travaillant dans des bureaux. Les auteurs remarquent même que le taux sanguin de TSH pourrait constituer un marqueur précoce de l'effet délétère du stress urbain, avant même que des symptômes apparaissent.

On ne connaît pas encore très bien les mécanismes qui relient les désordres thyroïdiens et les événements stressants, qu'il s'agisse d'hyper ou d'hypothyroïdie. Il semble cependant que les modifications dans la sécrétion des neuro-hormones cérébrales (noradrénaline, acétylcholine, sérotonine...) interfèrent à la fois avec la production des anticorps susceptibles de provoquer une maladie auto-immune, et avec celle des hormones thyroïdiennes (notamment les T3). Le problème est amplifié par le fait que ces désordres ne cessent pas en même temps que le stress. Une fois celui-ci apaisé, le déséquilibre persiste au niveau des systèmes nerveux et hormonal. Cet effet

---

* Étude menée par B. Winsa *et al.*, publiée dans le *Lancet* en 1991.
** Étude menée par S. Wang et J. Mason, publiée dans le *Journal de Médecine Psychosomatique* en 1999.
*** Étude italienne menée par une équipe du département de médecine du travail de l'Université Sapienza de Rome, publiée en 2011 dans *Clin.Ter.*

rémanent inscrit les problèmes dans le temps, même lorsque les situations stressantes sont très brutales mais de courte durée.

Le stress peut ainsi jouer un rôle de déclencheur et de facteur aggravant dans les déséquilibres thyroïdiens. Pourtant, imaginer une vie sans stress n'est qu'une illusion. D'ailleurs, ce terme ne désigne pas seulement les événements négatifs. Dans l'échelle d'évaluation du stress[*], le mariage et l'arrivée d'un enfant figurent dans les 15 premières causes majeures (respectivement en 7e et en 14e positions). Même les gains d'argent subits figurent dans la liste des grands stress.

Il y a donc des « bons » stress et des « mauvais » stress, mais on peut difficilement les étiqueter de manière systématique. Ils varient selon les individus. Nous avons tous des fragilités et des forces. Certains sont très perturbés par les contrariétés professionnelles mais se sentent plus solides face aux difficultés relationnelles. D'autres, au contraire, traversent sans encombre les tracas de travail mais se sentent facilement déstabilisés par la moindre dispute dans leur couple. S'ajoute à cela que nous avons tous un seuil de résistance au stress particulier, lié à notre histoire personnelle et à notre structure psycho-émotionnelle.

Combattre l'excès de stress

Ce n'est donc pas « le » stress qu'il convient de combattre, mais l'excès de stress. Pour cela, il vous faut d'abord essayer d'identifier les sources de stress qui vous sont les plus pénibles : les relations au travail, le surmenage professionnel, les problèmes dans votre couple ou avec les enfants, les difficultés pour s'adapter à des changements que l'on n'a pas choisis… Ensuite, c'est sur eux qu'il vous faudra

---

* Échelle établie par deux chercheurs américains, Holmes et Rahe, en 1967, et plusieurs fois réajustée depuis en fonction de l'évolution des sociétés.

« travailler » pour essayer d'améliorer votre seuil de résistance. Il existe pour cela de nombreuses techniques, allant de la relaxation au sport, en passant par le yoga, les disciplines énergétiques (tai-chi, qi-gong), la sophrologie, la méditation, la visualisation, le training autogène, la gestion des émotions... Et même de simples exercices respiratoires s'ils sont pratiqués assez régulièrement.

L'idéal est que vous parveniez à identifier le plus tôt possible les stress vraiment délétères, de manière à mettre en place des comportements qui vous permettront de limiter l'orage hormonal et d'en raccourcir la durée. Votre thyroïde sera ainsi protégée contre les bourrasques trop brutales. Quant aux petits stress insidieux et répétés, ils jouent probablement un rôle du même genre dans les désordres thyroïdiens, même si la question n'est pas encore élucidée. La pratique régulière des techniques antistress, en apportant un peu plus de sérénité dans votre vie quotidienne, vous protégera aussi contre ces petits coups de vent.

Les pollutions : des ennemis inévitables

Nous vivons dans un environnement chargé en substances polluantes qui interfèrent avec la fonction thyroïdienne : hydrocarbures, sulfurés organiques, phénols, sulfites... Certes, nous ne pouvons pas nous protéger individuellement contre certains d'entre eux. Mais nous pouvons en éviter d'autres, notamment en surveillant la qualité des aliments que nous ingérons et de l'eau que nous buvons.

LES POLLUANTS LES PLUS NÉFASTES

Ce n'est sans doute pas un hasard si, sur les 200 millions d'individus porteurs d'un goitre sur la planète, 75 % vivent dans les pays en voie de développement. Cette différence est due en partie à leur alimentation (voir chapitre suivant), et en partie à leur industrialisation naissante qui se développe sans préoccupations environnementales. Dans les pays industrialisés, cela fait plusieurs décennies que des travaux scientifiques percent à jour les effets néfastes des pollutions, notamment sur la thyroïde. Et même s'il reste encore beaucoup de travail à accomplir pour mettre en place des protections efficaces, le chemin est maintenant entamé.

Les phénols, notamment, sont responsables de l'apparition de goitres. On les trouve dans les eaux usées, dans certaines crèmes antivariqueuses, et surtout dans nombre de substances herbicides, antifongiques et insecticides. Nous les absorbons à la fois par la respiration et par contact, car ils sont capables de passer à travers la barrière cutanée. Certains phénols sont directement responsables d'une diminution de la production des hormones thyroïdiennes (T3 et T4). Le DDT, interdit d'utilisation agricole et industrielle dans de nombreux pays depuis les années 1970, continue à faire des ravages dans d'autres régions du monde. Il favorise, lui aussi, l'apparition des goitres et le développement des cancers. Les hydrocarbures aromatiques ne sont pas en reste : ces substances, que l'on trouve aussi bien dans l'alimentation que dans les eaux usées ou les sédiments, désorganisent la production des hormones thyroïdiennes en augmentant notamment la synthèse des T4. Quant aux nitrates présents dans l'alimentation, une étude[*] portant sur 490 000 sujets

---

[*] Étude réalisée par B. A. Kilfoy, Y. Zhang, Y. Park, T. R. Holford, A. Schatzkin, A. Hollenbeck et M. H. Ward, publiée par le *Journal international du cancer* en 2011.

a montré qu'ils favorisent l'apparition de certains types de cancers thyroïdiens chez les hommes.

Des professions à risque

Certains polluants sont utilisés dans le cadre de professions comme la teinturerie, la maroquinerie ou l'industrie du bois, ce qui fait courir des risques supplémentaires (notamment cancéreux) aux personnes qui y travaillent suffisamment longtemps. Une étude canadienne datant de 2000[*] a tenté d'évaluer les risques de cancer thyroïdien en fonction de la profession. Elle a montré que ce risque est plus élevé chez les personnes travaillant dans l'industrie du bois et de la pâte à papier. Ce résultat fut confirmé par une autre étude en 2005[**], qui élargit le risque aux bûcherons et aux charpentiers, mais aussi aux fabricants de machines agricoles et de produits de bureau. Ces deux dernières professions exposent, elles aussi, à des polluants tels que les polyhalogénés, dont l'effet perturbateur sur le fonctionnement thyroïdien est bien connu. L'agriculture fait aussi partie des métiers à risque, en raison des grandes quantités de pesticides, insecticides et engrais chimiques utilisés dans les cultures (hormis dans les exploitations bio, bien sûr !).

Entendons-nous bien : parler de risque ne revient pas à évoquer une prédestination inéluctable, mais seulement une possibilité parmi d'autres. En clair, ce n'est pas parce que vous travaillez dans un de ces secteurs que vous allez forcément développer un cancer de la thyroïde. De nombreux facteurs entrent en jeu dans le déclenchement de cette maladie, parmi lesquels les facteurs environnementaux. Même lorsqu'on se trouve dans une situation qui ne permet pas de se

---

[*] Étude réalisée par S. M. Fincham *et al.*, publiée par le *Journal de médecine professionnelle et environnementale* en 2000.
[**] Étude réalisée par V. Lope *et al.*, publié par les *Archives de la santé professionnelle et environnementale*.

protéger contre les dangers de l'environnement, il est toujours possible de se prémunir contre les autres facteurs de risque (notamment alimentaires) afin d'alléger globalement ce qui pèse sur l'organisme.

QUELQUES GESTES PRATIQUES

S'il est difficile de se protéger contre certains polluants (notamment atmosphériques), des gestes pratiques permettent de limiter les contacts avec d'autres substances, insidieusement présentes dans notre environnement quotidien.

Dans la cuisine

Le bisphénol A, que l'on trouve dans les emballages plastiques des produits alimentaires et des boissons, est soupçonné d'entraver la production des hormones thyroïdiennes. Pour l'éviter, ne faites jamais réchauffer au four à micro-ondes les aliments dans leur conditionnement en plastique. Évitez aussi de ranger les boissons en bouteilles plastiques dans des endroits trop chauds. Plus la température ambiante est élevée, plus le risque est grand de voir certains composants migrer dans le liquide.

Attention aussi aux ustensiles de cuisine antiadhésifs qui peuvent contenir du perfluoro-octane. L'accumulation sanguine de cette substance semble favoriser les troubles thyroïdiens.

Dans la chambre à coucher

Les éthers diphényliques polybromés (EDPB) sont souvent présents dans les produits ignifuges que les industriels utilisent pour protéger le linge de maison contre le risque d'inflammation. Même si notre contact avec ces produits reste modéré, il semble qu'ils soient susceptibles de favoriser une hyperthyroïdie légère, surtout chez les femmes enceintes. Mieux vaut les éviter, en utilisant du linge de lit en matières naturelles (coton, laine), plus rarement traité avec ce type de produit.

Dans la salle de bains

Les protecteurs solaires (crèmes, laits…) contiennent parfois des octinoxates, qui sont des perturbateurs hormonaux connus. Pour éviter tout risque, choisissez des produits ne contenant pas les substances suivantes : Benzophénone 1, 2 et 3 (BP 1, BP 2 et BP 3), 4-méthylbenzylidène camphre (4-MBC), 3-benzylidène camphre (3 BC) et Octyl ou octyl-méthoxycinnamate (OMC).

Le triclosan est présent dans les produits antibactériens et antifongiques (gel, nettoyant liquide…), ainsi que dans les savonnettes et le dentifrice. Une étude*, publiée en novembre 2010, montre clairement que cette substance influence l'activité des hormones thyroïdiennes. Lisez bien les étiquettes des produits que vous achetez et reposez sur le rayon ceux qui contiennent du triclosan. Préférez les savons et les dentifrices naturels, et choisissez des gels antibactériens à base de peroxyde d'hydrogène, d'acide citrique et d'acide lactique.

La radioactivité : un ennemi majeur

Reste une dernière pollution, remise à l'ordre du jour par l'accident qui a frappé la centrale nucléaire de Fukushima, à la suite du tsunami qui a ravagé les côtes japonaises en mars 2011 : la radioactivité. Vingt-cinq ans plus tôt, c'est l'explosion de la centrale de Tchernobyl qui avait alerté les esprits. Avec le recul des années écoulées, tous les observateurs sont d'accord pour

---

* "The impact of Bisphenol A and triclosan on immune paramaters in the US Population", publiée sur le site Environmental Health Perspectives.

reconnaître que le taux de pathologies thyroïdiennes a augmenté dans les pays d'Europe de l'Ouest, notamment en France qui fut l'un des pays les plus touchés par les retombées radioactives.

Les effets de la radioactivité

La radioactivité agit en deux temps sur les organismes vivants. D'abord, le contact direct : les particules radioactives sont respirées, ingérées ou touchées. L'effet dépend alors de la dose. Entre ½ et 2 sieverts* par heure, les personnes commencent à présenter des signes aigus (nausées, vomissements…). Entre 2 et 4 sieverts apparaissent des troubles plus graves : hémorragies, atteintes neurologiques. Cinq sieverts constituent la limite de la dose létale : à ce stade, on compte 50 % de décès. Au-delà de 6 sieverts, c'est la mort assurée pour 100 % des individus.

Mais les effets de la radioactivité ne sont pas toujours aussi visibles. Pernicieux, ils peuvent se manifester 10, 20 voire 30 ans après l'irradiation sous forme, notamment, de pathologies thyroïdiennes. Nous sommes en contact permanent avec un peu de radioactivité naturelle. Selon l'Institut de radioprotection et de sûreté nucléaire, on estime à 3,4 millisieverts** la dose totale annuelle à laquelle les Français sont exposés (2,4 proviennent du rayonnement naturel de la Terre, et 1 de sources médicales et industrielles). Le taux maximum admis pour les professionnels dans notre pays est de 50 millisieverts. Ailleurs (notamment au Japon), la limite légale des travailleurs du

---

* Il existe de nombreuses mesures de la radioactivité. Elle est souvent exprimée en becquerels (Bq), qui mesurent le nombre de transformations de noyaux atomiques par seconde. Pour évaluer les risques sanitaires, on utilise le sievert (Sv), qui est une unité d'équivalence dose/temps. Le sievert est généralement exprimé par heure.

** Le millisievert correspond à un millième de sievert.

nucléaire grimpe à 100 millisieverts, niveau généralement considéré comme induisant un risque sérieux de cancer.

Nous sommes bien loin des chiffres correspondant à l'irradiation directe en cas de contamination radioactive. Mais ces faibles doses produisent tout de même leur effet. Le responsable : l'iode radioactif. Les nuages nucléaires sont composés en majeure partie d'iode 131 (le reste étant de l'iode 133, du césium 137, du zénon, du krypton, du strontium et du plutonium). Lorsque nous l'ingérons, cet iode se fixe directement sur la thyroïde et la sature. Ce qui n'a pas été absorbé par cet organe est rapidement évacué par les urines, mais l'iode 131 fixé dans le tissu thyroïdien s'élimine très lentement. C'est lui qui peut causer des dommages insidieux, qui se manifestent des années après le contact avec les particules radioactives sous forme de goitres, de nodules et même de cancers thyroïdiens.

Les conséquences de ces irradiations légères sont plus sérieuses chez les personnes carencées en iode. Cela se comprend aisément : la thyroïde contenant moins d'iode, la quantité radioactive susceptible de se fixer sur la glande est d'autant plus importante. De la même manière, les enfants sont plus touchés que les adultes. On estime que le risque est multiplié par huit chez les enfants jusqu'à 1 an, et par quatre jusqu'à 5 ans. Même les fœtus peuvent être contaminés dans le giron maternel, avec les conséquences gravissimes que l'on sait (retards de croissance, arriération mentale...).

Il nous faudra attendre plusieurs années avant de pouvoir mesurer les méfaits de l'accident nucléaire de Fukushima sur les populations locales. Mais nous avons suffisamment de recul pour voir apparaître les conséquences de l'explosion de Tchernobyl. Quelques exemples : 8 ans après l'explosion, les autorités avaient dénombré une centaine de cas de cancers thyroïdiens chez des enfants habitant dans un rayon de 3 kilomètres autour de la centrale. Dans la région Champagne-Ardenne, les statistiques montrent que, depuis l'accident, le nombre de cancers de la thyroïde a été multiplié par 2 chez les hommes et par 30 chez les enfants. Les femmes montrent une augmentation d'environ 30 %.

COMMENT SE PROTÉGER CONTRE LA RADIOACTIVITÉ

Lorsque des particules radioactives sont propulsées dans l'atmosphère, il est très difficile de se protéger contre cet ennemi invisible, inodore, incolore et sans saveur. Il se dépose partout, polluant rapidement l'eau et les végétaux. L'élimination de l'iode 131 est lente : il faut compter 80 jours pour que sa concentration soit divisée par mille. Plus la quantité initiale est importante, plus les particules mettront du temps à être éliminées.

La plupart des végétaux absorbent l'iode 131 par la surface de leurs feuilles. Rien d'étonnant, donc, à ce que les légumes à grandes feuilles (salades, choux…) soient les plus rapidement contaminés. La plante poursuit ensuite son cycle de croissance habituel, et une petite partie de la contamination se retrouve encore dans ses graines. Les animaux qui se nourrissent de ces végétaux transmettent la contamination à leur lait (l'iode 131 se fixe sur leur thyroïde et leurs glandes mammaires). L'eau est rapidement contaminée elle aussi : le ruissellement des pluies lave la surface des sols et ramène une bonne partie des particules radioactives dans les cours d'eau. Les poissons qui y vivent et les algues qui y poussent sont touchés à leur tour.

Ce tableau peut paraître alarmiste, mais il est conforme à la réalité : il est vraiment difficile de se protéger contre la contamination une fois que l'air a été pollué. Cependant, il existe une solution simple et efficace, à condition d'être mise en place au bon moment : l'absorption d'iode. Pour empêcher l'iode radioactif de se fixer sur la glande thyroïde, il suffit de saturer la thyroïde avec de l'iode stable. Si la place est prise, les particules radioactives ne pourront pas s'y loger et seront rapidement éliminées par les urines sans avoir fait de dégâts.

En cas d'accident, les personnes qui vivent près d'une centrale peuvent se procurer auprès de leur pharmacien des comprimés d'iodure de potassium. Ils sont dosés à 65 mg d'iode stable. Les enfants de plus de 12 ans et les adultes doivent en avaler 2 comprimés (en une seule prise), les enfants de 3 à 12 ans un seul comprimé, les bébés de moins de 36 mois ½ comprimé, et les nouveau-nés (moins de 1 mois) ¼ de comprimé.

Mais tout le monde ne peut pas se procurer ces produits, qui sont réservés aux zones et aux personnes à risques (notamment les femmes enceintes). Pour les autres, il est toujours possible de prendre de l'amiodarone, un médicament riche en iode. Mais attention : ce produit peut entraîner des risques cardiaques chez les personnes prédisposées. Il est donc à réserver aux personnes disposant d'un cœur solide. Un comprimé d'amiodarone apporte 75 mg d'iode stable.

On recommande de prendre l'iode stable en dose unique, car une fois la thyroïde saturée, l'iode radioactif ne peut plus y pénétrer. Cependant, lorsque la contamination dure, il est parfois nécessaire de répéter la prise d'iode. Cela se fait uniquement sur recommandation des autorités sanitaires. Dans tous les cas, les femmes enceintes et les bébés de moins de 1 mois ne doivent pas renouveler la prise d'iode. Ils font partie des sujets qui doivent être évacués en priorité lorsqu'un problème survient.

Le plus important réside dans le timing, qui est très serré. Si l'iode stable est absorbé trop tôt, la thyroïde l'aura utilisé ou éliminé avant l'arrivée des particules radioactives. Toute prévention est donc impossible. Si on prend sa dose trop tard, la glande déjà saturée d'iode radioactif n'aura plus que faire de l'iode stable. La fenêtre de tir idéale : dans un délai de 6 heures avant et 1 heure après la contamination. La protection est alors proche de 100 %. Entre 1 heure et 2 heures après la contamination, le taux de protection chute déjà à 90 %. Il n'est plus que de 80 % une heure plus tard. Quand 5 heures ont passé, l'iode n'est plus efficace qu'à 50 %…

Fort heureusement, les accidents nucléaires sont rares. Et même si nous sommes un pays particulièrement exposé au niveau de la concentration en centrales (le nucléaire représente plus de 80 % de notre consommation en électricité), nous vivons dans une région du globe où les risques sismiques sont faibles. Mais le débat entre partisans et détracteurs du nucléaire est encore bien loin d'être clos.

LE RÉGIME IG POUR RÉGULER VOTRE THYROÏDE

Les dysfonctionnements thyroïdiens, localisés dans une petite glande de seulement quelques centimètres cubes, provoquent un ensemble de symptômes qui touchent de très nombreuses fonctions. Pour s'en prémunir, ou au moins atténuer les manifestations les plus pénibles, il faut donc agir à ces deux niveaux : local et global. L'alimentation constitue un outil idéal : les corrections alimentaires permettent à la fois d'aider la thyroïde à réguler son fonctionnement, et d'atténuer les symptômes généraux.

Le Régime IG représente une voie d'amélioration efficace. En contrôlant les apports glycémiques, et en fournissant à la thyroïde les nutriments essentiels dont elle a besoin (à commencer par l'iode), vous allez améliorer progressivement votre confort quotidien. Le résultat mérite bien quelques efforts. Des efforts très modestes, car les gestes du Régime IG sont faciles à intégrer dans vos repas de tous les jours. Il n'est pas basé sur des interdits et des privations, mais sur une nouvelle organisation des repas qui fait la part belle au plaisir et aux saveurs. Sans compter que cette nouvelle alimentation n'a rien de désocialisant : elle est bénéfique pour tout le monde, malade de la thyroïde ou pas !

Les principes du Régime IG

Le principe de base est simple : il s'agit avant tout de contrôler les index glycémiques des aliments que vous consommez. Cet index concerne uniquement les aliments contenant des glucides : céréales, fruits, certains légumes, aliments sucrés (confitures, confiseries, sodas…). Il n'est pas seulement lié à la teneur de ces aliments en sucres, mais à la manière dont ces derniers passent dans le sang. Il s'exprime sur une échelle allant de 0 à 100 : entre 0 et 30, on parle d'IG faible ; entre 30 et 50, l'IG reste modéré ; entre 50 et 70, il est élevé ; et au-delà de 70, il est très élevé.

Cela mérite quelques explications. Dans notre sang, le taux de glucose doit rester compris dans une fourchette assez étroite. S'il monte trop (hyperglycémie), nos tissus subissent des dommages qui peuvent devenir très sérieux. S'il baisse exagérément (hypoglycémie), nous risquons des malaises, voire un coma si la situation se prolonge. Cette régulation indispensable est assurée par le pancréas qui sécrète la précieuse insuline. Cette hormone neutralise l'excès de glucose, qu'elle contribue à stocker sous forme de réserves d'énergie : des réserves rapides, destinées à être utilisées dans les heures qui suivent (les glycogènes conservés dans le foie et les muscles) ; des réserves à long terme, stockées sous forme lipidique dans les cellules graisseuses. En revanche, l'insuline ne peut rien contre le manque de sucre. Mais, dans les sociétés occidentales, le problème le plus fréquent (et de loin !) est l'excès de sucre, comme en témoigne l'augmentation constante du diabète. Nombre d'autres symptômes très courants sont liés aux déséquilibres de la glycémie, à commencer par l'obésité, les dérèglements de l'appétit, la régulation de la température, et même certains troubles psycho-émotionnels. Ce sont autant de symptômes associés aux troubles thyroïdiens.

Revenons aux aliments riches en glucides. L'unité glucidique de base capable de passer dans le sang est la molécule de glucose. Tous les glucides en contiennent, mais elles sont organisées en chaînes plus ou moins longues. Le sucre blanc, très raffiné, est fait de glucose presque pur capable de passer très rapidement dans le sang, provoquant une hausse rapide et brutale de la glycémie (IG maximum). Les céréales complètes, non raffinées, sont constituées de longues chaînes moléculaires de glucose que le corps doit d'abord « casser », afin d'isoler les molécules capables de passer dans le réseau sanguin. L'opération prend du temps et le glucose ainsi libéré passe graduellement dans le sang, provoquant une hausse modérée et progressive de la glycémie. Dans le premier cas, le pancréas est obligé de produire des quantités importantes d'insuline qui provoquent des variations brutales de la glycémie. Dans le second, l'afflux progressif de glucose dans le sang est facilement régulé sans provoquer de réactions intenses.

C'est là que l'index glycémique entre en jeu. Car il ne s'agit pas de faire la chasse aux aliments glucidiques. Le glucose est un carburant indispensable pour nos cellules. C'est même notre source d'énergie n° 1. Le but est de les choisir de manière à éviter ceux qui provoquent les réactions métaboliques les plus brutales. Globalement, il faut éviter les sucres et les céréales très raffinés, car le raffinage « libère » le glucose et le rend beaucoup plus rapidement assimilable. Les sucreries, sodas, bonbons, gâteaux et biscuits industriels sont donc à limiter, voire à supprimer si cela ne vous manque pas trop, car leur IG est souvent très élevé. En revanche, la plupart des fruits, les légumineuses (lentilles, pois chiches...) et les céréales complètes permettent d'assurer un apport en glucose régulier sans provoquer de soubresauts métaboliques ni de stockage graisseux excessif (leur IG est en dessous de 50). Les légumes ont, globalement, un IG bas (autour de 15). Quant aux aliments d'origine animale, leur IG est proche de 0, comme celui des huiles.

Cela ne signifie pas que vous allez devoir vous nourrir exclusivement d'aliments très gras ou de produits animaux. Le déséquilibre important provoqué par une telle alimentation produirait des méfaits plus graves encore que les troubles que vous désirez combattre. La solution va donc se trouver dans un équilibre global, intégrant tous les types d'aliments (hormis ceux qui ont un IG très élevé), et privilégiant les végétaux à IG bas. Dans le cadre du Régime IG thyroïde, vous allez, en plus, insister sur les produits de la mer, qui constituent une source irremplaçable d'iode et, souvent, de sélénium.

Vous allez donc organiser vos repas de la manière suivante : deux parts de légumes, une part de céréales à IG modéré et une part de protéines. Vous ajoutez un dessert ayant un IG raisonnable, et le tour est joué. Ce type d'alimentation évite les orages hormonaux et métaboliques couramment provoqués par les désordres alimentaires actuels. Il protège ainsi le métabolisme contre les déséquilibres provoqués par les troubles thyroïdiens.

QUELQUES INDEX GLYCÉMIQUES...

- Sirop de glucose 100
- Sucre blanc 80
- Miel 65
- Sirop d'agave 25
- Pain blanc (baguette) 80
- Pain complet .... 55 à 60
- Pain intégral au levain 40

→

- Confiture .... 60 à 65
- Purée de pommes de terre 80
- Pâtes normales..50 à 60
- Pâtes complètes ....40 à 50
- Riz gluant...90
- Riz blanc 70
- Riz complet 50
- Sorbet sucré 65
- Banane ....50 à 60
- Pomme..40
- Figue 35
- Fruits rouges (fraises, framboises, myrtilles...).................25
- Légumes verts (courgette, concombre, épinard, fenouil, poireau)..15

Le Régime IG et la thyroïde

Reste à savoir quelle relation on peut établir entre ce Régime IG et les troubles de la thyroïde. Elle est de deux ordres. Le premier est évident : en apportant à la glande, par l'alimentation, les éléments dont elle a besoin pour produire les hormones (principalement l'iode), il est possible d'améliorer globalement son fonctionnement. Cela ne suffit pas à résoudre tous les problèmes, loin de là. Mais une chose reste sûre : un apport suffisant en iode permet à la glande de fonctionner « au mieux ». Ce qui, dans certains cas, fait une sacrée différence.

Ensuite, et c'est peut-être le plus important, le Régime IG régule globalement le métabolisme. Rappelez-vous : selon que vous souffrez d'hyper ou d'hypothyroïdie, vous avez chaud ou froid, vous maigrissez ou vous grossissez, vous êtes anxieux ou déprimé... Et dans tous les cas, vous êtes anormalement fatigué. Ce sont autant de manifestations qui révèlent les déséquilibres métaboliques provoqués par l'excès ou le manque d'hormones thyroïdiennes. Le Régime IG n'agit plus alors sur la cause de vos problèmes (la thyroïde elle-même), mais sur leur expression en atténuant les conséquences métaboliques du dysfonctionnement thyroïdien.

En outre, il existe un lien direct entre les sécrétions thyroïdiennes et celles du pancréas. Les patients souffrant d'hyperthyroïdie sont souvent victimes, au bout de quelques mois ou années, d'une into-lérance au glucose. L'insuline n'agit plus correctement sur le taux de sucre sanguin et sa production diminue peu à peu, provoquant parfois un véritable diabète chez les personnes prédisposées. De nombreuses études ont montré qu'une hyperthyroïdie non traitée entraîne des troubles de la glycémie dans la moitié des cas.

Le même genre de relation s'établit entre l'hypothyroïdie et la gestion du sucre sanguin, mais en sens inverse. Le besoin en insuline diminue dans un premier temps. Les sécrétions du pancréas font exagérément baisser le taux de sucre sanguin, provoquant des hypoglycémies réactionnelles. En outre, le taux d'hypothyroïdie est beaucoup plus fréquent chez les personnes diabétiques (3 à 5 fois), puisque les hypoglycémies répétées sont le témoin d'une hyperactivité du pancréas qui, à la longue, finit par s'épuiser.

À terme, tous les déséquilibres thyroïdiens finissent ainsi par entraî-ner un dysfonctionnement métabolique global. En rééquilibrant le métabolisme, le Régime IG permet d'atténuer, voire de neutraliser nombre de symptômes gênants : les troubles de l'appétit, les dérè-glements de la température, les désordres psycho-émotionnels...

C'est un excellent outil de lutte contre la fatigue, puisqu'il optimise le métabolisme des sucres qui constituent notre principal carburant cellulaire. Il régularise le transit, grâce à un apport régulier en fibres végétales. Enfin, la consommation régulière de produits de la mer (poisson, coquillages, crustacés), d'huiles végétales de bonne qualité (olive, colza…) et de fibres contribue à l'entretien du système cardiovasculaire, lequel subit aussi les conséquences des désordres thyroïdiens.

L'iode avant tout…

La thyroïde ne peut pas fabriquer d'hormones sans iode. Et notre seule source d'iode est l'alimentation. L'équation est posée d'emblée : toute carence en iode finit par entraîner des dysfonctionnements thyroïdiens (à commencer par l'apparition de goitres).

Dans le corps d'un adulte de taille moyenne (70 kg), on trouve environ 15 mg d'iode. Ce stock est renouvelé en permanence grâce aux apports alimentaires. Lorsque nous avalons un aliment riche en iode, son iode passe dans le sang. La thyroïde en retient environ 20 % au passage et le reste est éliminé dans les urines. L'apport doit donc être suffisant et régulier pour couvrir tous nos besoins.

La carence en iode est beaucoup plus fréquente que l'excès (sauf dans quelques pays comme le Japon où l'alimentation est basée principalement sur la consommation de poisson et d'algues). Cette carence est à l'origine des goitres : la thyroïde ne parvient pas à produire suffisamment d'hormones et son volume augmente, provoquant parfois un état inflammatoire qui intensifie encore le dysfonctionnement.

Le nombre de goitres est très élevé dans les régions éloignées de la mer, où la population consomme peu de produits iodés. En France, ce sont les zones montagneuses qui sont les plus touchées, notamment les Alpes. La grande enquête SU.VI.MAX (SUpplémentation en VItamines et Minéraux Anti-oXydants), qui étudie les carences alimentaires des Français, a montré que 12,4 % de la population est porteuse d'un goitre. Ce nombre est beaucoup plus important dans d'autres régions du monde, notamment l'Afrique centrale où les effets du faible apport d'iode sont amplifiés par la consommation régulière d'aliments contenant des substances goitrogènes (voir le paragraphe consacré aux aliments à éviter, p. 100).

Si la thyroïde est rapidement affectée par la carence en iode, elle s'adapte beaucoup plus rapidement à l'excès. Il faut que celui-ci soit important et durable pour que la glande réagisse. Ces excès sont souvent dus à des traitements médicamenteux à base d'iode, plus qu'à des excès alimentaires. L'apport moyen en iode recommandé pour un adulte est de 100 à 150 microgrammes par jour. Pour courir des risques d'excès, il faut absorber de manière régulière au moins 400 à 500 microgrammes d'iode par jour. C'est rarement le cas. Vous ne courez donc pas grand risque à consommer régulièrement des aliments riches en iode, sauf si vous souffrez d'une hyperthyroïdie sévère.

En France, le sel de table est généralement enrichi en iode. Cet apport, même s'il est insuffisant, est régulier.

NOS BESOINS EN IODE

Les valeurs sont données en microgrammes par jour.
- Bébés jusqu'à 6 mois 35
- Enfants de 6 mois à 1 an 40
- Enfants de 1 à 10 ans .... 60 à 100
- Adultes .... 100 à 150
- Femme enceinte ou allaitant .... 150 à 200

LES ALIMENTS LES PLUS RICHES EN IODE

Les valeurs sont données en microgrammes d'iode pour 100 g d'aliment.
- Algues séchées (kombu, wakamé, nori...) ..7 000 à 75 000
- Sel iodé .... 1 500 (30 pour une part de 2 g)
- Haddock fumé 300
- Ail 90
- Crustacés marins .... 50 à 90
- Poissons de mer .... de 40 à 80
- Coquillages .... 10 à 50
- Ananas frais 30
- Oignon 20
- Œuf (1 pièce) 10
- Fruits secs .... 8 à 10
- Céréales .... 3 à 7
- Viande .... 3 à 5

Le sélénium : un ami à inviter souvent à votre table

Si l'iode est l'élément majeur de la synthèse thyroïdienne, il a besoin d'autres oligoéléments pour agir. Parmi eux, le sélénium occupe une place particulière. Sa présence dans les aliments dépend de la teneur en sélénium du sol où poussent les végétaux (légumes, fruits, céréales). Dans une longue réaction en chaîne, la viande contient plus ou moins de ce précieux nutriment selon la teneur de l'herbe que l'animal a broutée. Seuls les produits de la mer ne sont pas affectés par ce phénomène.

Le sélénium est connu comme un antioxydant majeur. Ce que l'on sait moins, c'est qu'il est présent en grande quantité dans la thyroïde où il participe à la production des hormones T3 et T4. Une étude portant sur une population d'Afrique centrale a clairement montré qu'il existe un lien entre les carences sévères en sélénium et les dysfonctionnements thyroïdiens. Lorsqu'il vient à manquer, le taux d'hormones est d'abord maintenu grâce à un système complexe de régulation. Mais si la carence s'installe, la production hormonale finit par diminuer. Celle-ci interviendrait aussi, conjointement à la carence en iode, dans l'apparition des goitres et des nodules. Enfin, le manque de sélénium pourrait être impliqué dans l'apparition et le développement des maladies thyroïdiennes d'origine auto-immune.

L'Europe occidentale fait partie des régions du monde où le sol est relativement pauvre en sélénium. L'étude SU.VI.MAX a montré qu'une bonne partie de la population française présente un statut en sélénium insuffisant, même si l'on ne peut pas toujours parler de carence avérée. Nous avons donc tous intérêt à consommer davantage d'aliments riches en sélénium. Mais la biodisponibilité de cet oligoélément n'est pas la même dans les végétaux et dans les produits animaux. Le sélénium contenu dans les aliments d'origine végétale est globalement mieux assimilé (80 % de biodisponibilité, contre 20 à 50 % dans les produits animaux). En théorie, il faudrait donc le chercher plutôt dans les céréales ou la levure de bière. Cependant, la teneur en sélénium des végétaux étant étroitement liée à la richesse du sol dans lequel il pousse, il est difficile de la connaître avec précision. Les produits de la mer, eux, ne subissent pas ces variations intempestives. Même avec une biodisponibilité inférieure, ils demeurent donc la source de sélénium la plus fiable. Coup de chance : ils constituent aussi la meilleure source d'iode.

Les surdosages en sélénium existent, mais ils ne sont jamais d'origine alimentaire. Vous n'avez donc rien à craindre et vous pouvez inviter les poissons de mer, coquillages et crustacés à votre table aussi souvent que vous le désirez.

NOS BESOINS EN SÉLÉNIUM

Les valeurs sont données en microgrammes par jour.
- Bébés avant 1 an..10 à 15
- Enfants jusqu'à 10 ans.......................................20 à 30
- Adolescents jusqu'à 15 ans 55
- Femmes adultes...55
- Hommes adultes 70
- Sportifs...100 à 150

QUELQUES ALIMENTS RICHES EN SÉLÉNIUM

Les valeurs sont données en microgrammes pour 100 g d'aliment.

- Coquillages et crustacés .... 30 à 60
- Poissons de mer .... 30 à 50
- Lapin 40
- Pâtes complètes .... 25 à 30
- Viande rouge .... 10 à 30
- Œuf (1 pièce) .... 15 à 20
- Champignons 12
- Pain complet .... 3 à 5
- Légumineuses .... 3 à 5

Quelques aliments à éviter

Quelques aliments ont des effets négatifs sur la thyroïde. Il faut donc les éviter. Ces végétaux sont dits « goitrogènes ». Pour la plupart, ils contiennent des thiocyanates (comme la fumée de cigarette) qui inhibent la captation de l'iode alimentaire par la thyroïde et entravent son utilisation, ou des thio-oxazolidones (aussi appelés « goitrine ») qui s'opposent à l'utilisation de l'iode et favorisent l'apparition des goitres. En Finlande, une épidémie de goitre s'est révélée être due à l'alimentation des vaches, qui broutaient des légumes crucifères riches en substances goitrogènes.

On trouve les thiocyanates dans **toutes les variétés de choux** (chou vert, chou blanc, chou-fleur, chou de Bruxelles, brocoli…), **le cresson, les navets, les radis** et **le rutabaga**. Quant aux thio-oxazolidones, ils sont présents dans **les patates douces, le manioc** et **les pousses de bambou**. Le manioc est un aliment de base dans certaines régions du monde, particulièrement l'Afrique centrale, ce qui explique sans doute le grand nombre de goitres dans ces pays (notamment le Zaïre) où la population est déjà carencée en iode.

Sans les éliminer complètement de votre alimentation, n'en abusez pas (une portion par semaine au maximum). Et si vous n'aimez vraiment pas ces légumes, tant mieux pour vous !

Les 10 règles de base

Vous voilà prêt à démarrer ? Voici un récapitulatif des règles simples qui vont rythmer à présent votre alimentation quotidienne.

① **Pas de grignotage.** C'est un ennemi de base de l'équilibre alimentaire, que l'on ait ou pas des problèmes de thyroïde. Lorsqu'on grignote, on n'a pas conscience des quantités que l'on avale, ni de la qualité des aliments. En plus, ces prises alimentaires anarchiques contribuent à déséquilibrer le métabolisme. Organisez vos repas, et si vous avez l'habitude de grignoter à une heure précise de la journée (fin de matinée, fin d'après-midi…), préparez-vous une petite collation équilibrée (un fruit, un yogourt et une tranche de pain complet, par exemple) que vous dégusterez tranquillement, comme un vrai repas.

② **Construisez vos repas.** Lorsque vous mangez, les IG des aliments ont tendance à s'équilibrer. Si vous mangez une portion de riz blanc basmati avec des légumes verts et un filet de poisson, l'ensemble de votre assiette aura un IG bas malgré la céréale raffinée. Les aliments ayant un IG supérieur à 50 doivent toujours être accompagnés d'aliments ayant un IG faible. Ainsi, après votre assiette de riz, poisson et légumes verts, contentez-vous d'un yogourt ou d'un bol de fruits rouges. Réservez la banane ou le flan au chocolat pour un repas dont l'IG global est très bas (blanc de poulet, légumes verts et crudités, par exemple).

③ **Évitez les aliments industriels.** C'est un moyen très simple d'éliminer quantité de sucres cachés, qui sont ajoutés pour des raisons de sapidité et de conservation. En plus, vous évincerez d'office les bonbons, sucreries, viennoiseries qui cumulent les désavantages (IG élevé, faiblesse nutritionnelle et apport calorique maximum). Plus vous cuisinez des aliments nature, mieux vous pouvez maîtriser le contenu de votre assiette.

④ **Préférez les surgelés aux conserves.** À condition de choisir des aliments non cuisinés. On trouve aujourd'hui toutes sortes de fruits et de légumes non assaisonnés, congelés crus ou juste précuits (potages, purées), ainsi que des poissons, crustacés, viandes... Ils font gagner un temps fou et constituent une excellente solution de rechange aux petits légumes et fruits que vous pouvez aller acheter au marché le week-end. Lorsque vous consommez des conserves (lentilles, pois chiches...), choisissez-les « au naturel ».

⑤ **Intégrez au moins deux légumes par repas.** Si possible un cru et un cuit. Ils constitueront la plus grosse part de votre assiette, la protéine ou la céréale prenant la seconde place. C'est excellent pour la thyroïde, mais aussi pour le transit.

⑥ **Préférez les produits de la mer.** Non seulement ils ont un IG nul, mais ils fournissent quantité d'iode et de sélénium. En plus, ils apportent à l'organisme d'excellents acides gras (oméga 3 et 6) qui contribuent à la santé du système cardiovasculaire (ce qui n'est pas le cas de la plupart des viandes). Un « plus » non négligeable quand on souffre de problèmes thyroïdiens, tout particulièrement d'hypothyroïdie qui expose à une augmentation du cholestérol sanguin. Lorsque vous achetez de la viande, choisissez-la peu grasse car la dioxine, dont on connaît l'effet perturbateur sur la thyroïde, se stocke surtout dans les lipides.

⑦ **Cuisinez à l'huile.** Côté IG, les huiles, le beurre et la crème sont équivalents. Mais sur le plan nutritionnel, c'est différent. Seules les huiles végétales (crues de préférence) fournissent des acides gras essentiels qui permettent aux parois neuronales de conserver leur perméabilité. C'est une manière simple de se protéger contre la déprime et l'anxiété générées par les dysfonctionnements thyroïdiens. Les huiles végétales ont aussi une action bénéfique sur le système cardiovasculaire. Utilisez de l'huile d'olive ou de colza pour la cuisson (en petite quantité) et ajoutez un filet d'huile crue dans votre plat au moment de servir. Sésame, noix, noisette, argan, carthame… : toutes ces huiles ont des saveurs délicieuses et différentes. Elles supportent mal la cuisson, mais elles réveillent agréablement les papilles en assaisonnement.

⑧ **Privilégiez les cuissons douces.** Les cuissons violentes endommagent certains nutriments. Pour vous simplifier la vie, optez pour les cuissons douces : vapeur (l'eau doit frissonner sous le panier et non cuire à gros bouillons) ; four (pas plus de 325 °F) ; cuisson à l'étouffée… Attention cependant : la cuisson tend à rendre les glucides plus rapidement assimilables. Des pâtes très cuites ont un IG plus élevé que les mêmes préparées *al dente*. Des carottes vapeur encore croquantes ont un IG plus bas que les mêmes bien fondantes. De la même manière, un légume réduit en purée aura un IG plus élevé que le même consommé en morceaux. Pensez-y lorsque vous préparez certains légumes : purée de courgettes, oui ; purée de carottes, non.

⑨ **Réhabilitez les potages.** C'est un moyen très simple de cuisiner les légumes. Vous pouvez varier les saveurs en ajoutant épices et herbes aromatiques. Vous pouvez aussi créer des mélanges inattendus. Évitez seulement d'y ajouter des pommes de terre, qui font grimper l'IG des potages. Remplacez-les par des courgettes, qui donnent du velouté et de la consistance au plat pour un apport calorique négligeable et avec un IG très bas (15).

⑩ **Buvez de l'eau.** Plate ou gazeuse, c'est la seule boisson dont votre corps a vraiment besoin. Évitez les sodas et les jus de fruits industriels, surtout en dehors des repas. N'oubliez pas qu'alors, l'IG élevé n'est pas modulé par les IG bas des autres aliments. Pensez aussi au thé et aux tisanes (le thé vert est bourré d'antioxydants qui protègent les cellules). Côté alcool, mieux vaut boire peu et choisir des produits de qualité, comme le bon vin rouge ou le champagne (leur IG est très bas). Mais pas plus de deux verres par jour et, si possible, pas tous les jours.

Les aliments à privilégier

Vous avez à votre disposition un éventail d'aliments très large, qui vous permet de vous adapter aux saisons et de faire vos courses en suivant vos envies : les viandes, poissons, crustacés et coquillages, mais aussi la plupart des légumes, les légumineuses (très rassasiantes), les pâtes, le riz, de nombreux fruits, les yogourts et les fromages frais… Parmi eux, certains sont à privilégier car ils ont un effet plus direct sur votre thyroïde, soit qu'ils soient particulièrement riches en iode ou sélénium, soit qu'ils aient des vertus complémentaires utiles ou qu'ils facilitent la vie de la cuisinière.

L'AGAR-AGAR

IG : 15

Ce gélifiant naturel est tiré d'une petite algue rouge. Très peu calorique, il permet de préparer, en toute simplicité et rapidité, des flans et des gelées, salées et sucrées. Comme on l'utilise en très petite quantité (1 à 2 cuillères à thé pour 1 litre de préparation), son impact glycémique est quasi nul. L'agar-agar est constitué essentiellement de fibres solubles qui contribuent au bon état du système cardiovasculaire et à la régularité du transit. Un petit « plus » bien utile pour les hypothyroïdiens. On le trouve aujourd'hui dans toutes les grandes surfaces.

✛ Le thyro-truc

Rien de plus simple que de préparer un flan à l'agar-agar : il suffit de faire chauffer la préparation (sucrée ou salée), d'y ajouter l'agar-agar et de laisser frissonner 1 minute tout en remuant. Puis on met au frais et le tour est joué !

L'AIL

IG : 15

Outre son IG très bas (d'autant qu'on l'utilise en petite quantité), ce petit bulbe renferme de l'iode et du sélénium. En petites quantités, certes, mais c'est un petit « plus » qui renforce l'apport des autres aliments.

Cru ou cuit, l'ail relève les préparations à base de légumes, crustacés, poissons, volailles… Ses vertus cardiovasculaires (notamment
anticholestérol) sont très utiles pour ceux qui souffrent d'hypothyroïdie.

➕ **Le thyro-truc**

*Si vous êtes pressé, préférez l'ail surgelé à l'ail séché. Il est plus
savoureux et conserve ses vertus.*
*Si vous le faites cuire, pensez à éliminer le germe central qui peut se
révéler indigeste.*

LES ALGUES

IG : 15

C'est la source d'iode n° 1, loin devant les autres
produits de la mer. Kombu, nori et autre wakamé
ne font pas partie de nos habitudes alimentaires
occidentales. Pourtant, elles sont simples et
rapides à cuisiner. Elles renferment pas mal de
vitamines antioxydantes (bêta-carotène, vitamines E et C) et même
un petit peu de sélénium.

➕ **Le thyro-truc**

*Les feuilles de nori séchées permettent de composer facilement des
petites bouchées, genre makis japonais, que l'on peut décliner au fil
de ses envies. Les autres algues se cuisinent avec des légumes et des
produits de la mer.*

L'ANCHOIS

IG : 0

Frais, ce petit poisson fournit à la fois de l'iode
et du sélénium. Il renferme aussi des acides gras
(oméga 3 et 6) qui font le plus grand bien au système cardiovasculaire et aux parois cellulaires. Il fournit aussi d'excellentes protéines
qui participent à la régénération musculaire. Celles-ci sont riches
en tryptophane, qui contribue à régulariser l'humeur.

Si vous utilisez des anchois en conserve, choisissez-les plutôt à l'huile
d'olive. Vous ferez ainsi le plein en bons acides gras. Les anchois au
sel doivent être copieusement rincés afin d'éliminer suffisamment
le sodium qui a assuré leur conservation.

➕ **Le thyro-truc**

*Pensez à préparer des filets d'anchois crus en marinade, à l'huile
d'olive et au citron. C'est un plat simple à réaliser, qui se conserve
plusieurs jours et qui cumule les vertus.*

LE CANARD

IG : 0

C'est l'une des rares viandes qui fournissent des
bons acides gras (oméga 3 et 6). Autant en pro-
fiter. D'autant que cette volaille constitue une
source de protéines intéressante. La viande de canard fournit aussi
du sélénium et des vitamines du groupe B qui contribuent à la régulation de l'humeur.

➕ **Le thyro-truc**

*Si vous cuisinez des magrets de canard, faites-les d'abord cuire sur leur
peau afin que la graisse sous-cutanée fonde. À mi-cuisson, éliminez*

cet excédent lipidique et continuez la cuisson sur l'autre face. Puis consommez en éliminant la peau (même si elle vous fait envie !).

LES CHAMPIGNONS

IG : 15

Ni végétaux ni animaux, les champignons constituent un aliment à part. Ils sont riches en protéines et fournissent pas mal de sélénium. Selon la variété et le terrain sur lequel ils ont poussé, ils sont plus ou moins riches en nutriments. Mais ils apportent toujours des vitamines du groupe B qui contribuent à régulariser l'humeur et à améliorer le sommeil, et une grande variété de minéraux. Crus, ils ont un fort pouvoir de satiété pour un apport calorique très faible. Mais attention lorsque vous les faites cuire à la poêle : ils ont tendance à se gorger de matières grasses.

⊕ Le thyro-truc

Les champignons font partie des aliments qui absorbent le plus la radioactivité. Lorsque vous achetez des champignons sauvages, surveillez leur provenance, surtout dans les périodes sensibles. Les champignons de culture (genre champignon de Paris) ne présentent pas cet inconvénient. Pensez à eux pour vos salades.

LE CITRON

IG : 15

On déguste rarement un citron comme on le fait d'une orange ou d'un pamplemousse. Raison pour laquelle son impact sur la glycémie est quasiment nul : une cuillerée de jus de citron dans un plat revient à un

IG 0. En plus, le citron fait baisser globalement l'IG du repas dans lequel vous l'intégrez.

Outre qu'il fournit de la vitamine C (toujours utile pour lutter contre la fatigue et stimuler l'immunité), il a un effet fluidifiant sur le sang. Encore un petit « plus » pour les hypothyroïdiens.

⊕ Le thyro-truc

Ne pressez jamais vos citrons à l'avance, car le jus s'oxyde rapidement au contact de l'air. S'il vous en reste, buvez-le allongé d'eau et très légèrement sucré au sirop d'agave dont l'IG est beaucoup plus bas que celui du sucre.

LES COQUILLAGES

IG : 0

Crus ou cuits, les coquillages sont une source exceptionnelle d'iode et de sélénium. Ils fournissent d'excellentes protéines, associées à très peu de matières grasses. S'ajoute à cela un large éventail de minéraux et d'oligoéléments  (magnésium, cuivre, zinc, fer...) qui contribuent à stimuler le métabolisme.

⊕ Le thyro-truc

Les moules, huîtres, palourdes et autres praires se dégustent volontiers crues, arrosées d'un filet de citron. Mais elles peuvent aussi se cuisiner en gratin (avec un peu de poudre d'amande), poêlées (coquilles Saint-Jacques) ou pour parfumer des pâtes (palourdes).

LES CRUSTACÉS

IG : 0

Voilà encore un cocktail exceptionnel de protéines, de minéraux et d'oligoéléments, à commencer par l'iode et le sélénium. Les langoustines renferment jusqu'à 130 microgrammes de ce précieux nutriment dans 100 g de leur chair. Crevettes, langoustines, homard, langouste sont très digestes. On les trouve facilement surgelés.

⊕ Le thyro-truc

Comme les crustacés contiennent très peu de matières grasses, vous pouvez opter pour des cuissons un peu moins light. Des grosses crevettes juste poêlées à l'huile d'olive, avec un hachis d'ail et de persil, c'est un vrai régal !

LA FIGUE

IG : 35

Les figues ont la réputation d'être très sucrées et caloriques. Pourtant, elles ont un IG tout à fait raisonnable. Elles contiennent des fibres qui relancent les transits les plus paresseux. À privilégier en saison pour les personnes atteintes d'hypothyroïdie.

Les figues fraîches fournissent une énergie durable (utile lorsqu'on se sent fatigué) et un ensemble de minéraux dont du magnésium et du calcium qui contribuent, ensemble, au bon fonctionnement du cerveau et à la régulation de l'humeur.

✛ *Le thyro-truc*

Les figues se conservent mal et ne supportent pas le réfrigérateur. Dégustez-les rapidement après les avoir achetées. Pensez aussi à les gratiner au four avec un peu de cannelle. Attention aux figues sèches : elles ont perdu leur eau et tous les nutriments qu'elles contiennent sont concentrés. Y compris les sucres. Elles ont donc un IG plus élevé que les fraîches.

LES FRUITS ROUGES ET NOIRS

IG : 15 À 20

Fraises, framboises, myrtilles, airelles, groseilles… font partie des fruits ayant l'IG le plus bas. Profitez-en. D'autant qu'ils ont d'autres vertus : ils sont tous bourrés de pigments antioxydants qui protègent le système cardiovasculaire et le cerveau contre les radicaux libres ; leurs fibres améliorent le transit.

✛ *Le thyro-truc*

En saison, profitez-en pour les déguster frais. Le reste de l'année, achetez-les surgelés et préparez-les en flan (avec de l'agar-agar) ou en coulis pour parfumer les yogourts ou le fromage blanc.
Pensez aussi à les cuisiner avec les viandes blanches et les volailles. Cette saveur acidulée leur va à merveille.

LE HADDOCK

IG : 0

Ce poisson fumé, très prisé dans les pays nordiques, contient plus de 300 microgrammes d'iode pour 100 g. Un record ! Une seule portion couvre les besoins en iode de 48 heures.

111

Pour le reste, il fournit, comme ses comparses marins, des protéines, des minéraux et des oligoéléments (notamment du sélénium). Ses bons acides gras (oméga 3 et 6) contribuent à l'entretien du système cardiovasculaire et aident à prévenir l'excès de cholestérol sanguin.

⊕ Le thyro-truc

Le haddock est, en fait, de l'aiglefin salé et fumé. Cru, vous pouvez l'ajouter coupé en dés dans vos salades (fenouil, céleri…). Vous pouvez aussi le faire pocher pendant 15 minutes dans un mélange d'eau et de lait (à parts égales), et le déguster chaud avec des légumes vapeur. Un délice !

LES HERBES AROMATIQUES
IG : 0 À 5

Leur index glycémique est d'autant plus négligeable qu'on ne les utilise jamais en grande quantité. Quelques feuilles de basilic, coriandre, persil, menthe ou estragon suffisent pour parfumer un plat entier.

Mais les aromates ne sont pas dénués de vertus. La menthe et la ciboulette assainissent le milieu intestinal, ce qui se révèle très utile lorsqu'on a le transit perturbé. Le persil et le cerfeuil sont tonifiants. L'aneth et la marjolaine apaisent les émotions et favorisent le sommeil. La marjolaine et le romarin renferment des substances antiseptiques et des flavonoïdes antioxydants. En plus, et ce n'est pas la moindre de leurs qualités, les herbes aromatiques permettent de préparer une cuisine très savoureuse sans utiliser beaucoup de matières grasses ou de sucre.

➕ **Le thyro-truc**

Les herbes fraîches, comme le basilic ou la coriandre, ne doivent pas cuire trop longtemps. Ajoutez-les ciselées en fin de cuisson. En revanche, les aromates plus ligneux, comme le thym ou le romarin, demandent à mijoter pour diffuser tous leurs principes actifs. Certains, comme le basilic, font chanter les desserts.

L'HUILE D'OLIVE

IG : 0

C'est la reine des huiles. Elle peut s'utiliser crue ou cuite, car ses acides gras supportent assez bien la chaleur. Elle contribue à la santé cardiovasculaire et métabolique. Elle est anticholestérol et antidiabète. Une consomma-tion raisonnable d'huile d'olive (2 à 3 cuillères à soupe par jour) permet également de garder une peau souple (très utile pour les hyperthyroïdiens) et un fonctionnement cérébral harmonieux.

➕ **Le thyro-truc**

Utilisez toujours l'huile d'olive pour la cuisson. Pour vos préparations froides (salades, marinades...), ou pour les assaisonnements en fin de cuisson, alternez avec d'autres huiles qui ne supportent pas la cuisson (sésame, argan, noix...).

Pensez aussi à l'huile d'olive pour vos desserts : dans les biscuits maison ou pour poêler des fruits, par exemple.

LE LAPIN

IG : 0

C'est l'une des viandes les plus riches en sélénium. Le lapin est donc à privilégier pour l'entretien de votre thyroïde. C'est aussi une viande pauvre en matières grasses mais riche en excellentes protéines.

113

⊕ **Le thyro-truc**

Conséquence directe de son faible taux de matières grasses, la viande de lapin est sèche lorsqu'on la fait simplement rôtir. Achetez votre lapin débité en morceaux et faites-les cuire à la cocotte, à l'étouffée, avec des légumes et des aromates.

LES LÉGUMES SECS

IG : 15 À 30

Lentilles, pois chiches, haricots blancs ou rouges fournissent pas mal de sélénium, ce qui constitue déjà une qualité majeure pour les personnes sujettes aux dysfonctionnements thyroïdiens. Ils apportent aussi des fibres, très utiles pour les transits perturbés. Les légumes secs contiennent aussi un ensemble de vitamines et minéraux qui favorisent un bon fonctionnement nerveux et cérébral. Elles aident ainsi à réguler l'humeur et le sommeil. Enfin, elles ont un fort pouvoir de satiété.

⊕ **Le thyro-truc**

Vous pouvez cuisiner ces légumes secs après les avoir réhydratés. Vous pouvez aussi les utiliser en conserves ou surgelés, à condition de ne pas acheter des plats déjà cuisinés. Leur IG reste raisonnable, surtout si vous les associez, dans le même repas, avec une viande ou un poisson et des légumes.

LES LÉGUMES VERTS

IG : 15

Asperge, fenouil, laitue, céleri, épinard, courgette…, les légumes verts sont les amis de votre santé en général, et de votre thyroïde en particulier. Tous ont un IG très bas, ce qui permet d'organiser des repas gardant un IG raisonnable même si vous y intégrez une céréale ou une légumineuse à l'IG plus élevé.

Chacun possède en plus des vertus particulières. L'épinard, par exemple, apporte un peu de sélénium. L'asperge, le céleri et le fenouil sont diurétiques, ce qui aide l'organisme à éliminer les déchets qui encombrent le métabolisme. La blette fournit du magnésium, indispensable pour s'adapter au stress. La courgette est riche en fibres excellentes pour le transit.

⊕ Le thyro-truc

Invitez ces légumes à votre table à chaque repas, crus ou cuits. Leur IG très bas vous autorise même à les préparer en purée.

Lorsque c'est possible, préférez les légumes de saison frais. Mais vous pouvez aussi acheter des légumes verts surgelés (déjà épluchés et découpés mais pas cuisinés) de manière à en avoir toujours sous la main, même lorsque vous n'avez pas le temps de faire les courses.

LA NOIX (ET LES AUTRES FRUITS SECS OLÉAGINEUX)

IG : 15

Bien que très caloriques, les noix, noisettes, amandes, pignons… ont un IG bas. Profitez-en, car ils fournissent d'excellents acides gras dont se régalent vos cellules. Ce sont les amis de votre système cardiovasculaire et de votre cerveau. Ils sont très riches en minéraux, dont certains contribuent à la régulation de l'humeur. Une bonne solution dans les moments de grand stress.

➕ **Le thyro-truc**

Ces fruits secs oléagineux se marient avec toutes les saveurs : ils mettent une touche de croquant dans les salades, réveillent les potages, donnent un coup de fouet aux légumes...

Pensez aussi à eux pour vos goûters : une poignée de noix ou d'amandes, un yogourt et un fruit frais.

L'ŒUF

IG : 0

C'est la meilleure source de protéines qui soit. En plus, les œufs apportent de l'iode et du sélénium. Et pour couronner le tout, ils fournissent des nutriments essentiels pour le cerveau. Pensez-y dans les moments de fatigue et de stress.

➕ **Le thyro-truc**

En eux-mêmes, les œufs sont assez digestes. C'est la cuisson qui les rend parfois difficiles à digérer, surtout lorsqu'on les fait frire. Préférez les œufs à la coque, mollets ou durs.

Vous pouvez aussi les intégrer dans les gratins, les flans, les gâteaux maison... Ils contribueront à faire baisser l'IG global de votre préparation.

L'OIGNON

IG : 15

Malgré sa teneur en sucres assez élevée pour un légume, l'oignon conserve un IG très bas. Profitez-en, car c'est un excellent aliment. Blanc, rouge ou jaune, il apporte du sélénium à la thyroïde, ainsi que du zinc. Il fournit

aussi des substances antioxydantes et il fluidifie le sang. C'est donc l'ami de vos artères et de votre système nerveux, surtout l'oignon rouge plus riche que les autres en antioxydants.

⊕ *Le thyro-truc*

Les oignons font pleurer lorsqu'on les épluche. Si vous y êtes particulièrement sensible, faites-le sous un filet d'eau. Vous pouvez aussi utiliser des oignons surgelés, épluchés et tranchés. C'est pratique à plusieurs titres : on ne pleure pas, c'est rapide et on peut les cuire avec moins de matières grasses car ils ne collent pas au fond de la cocotte.

Pensez aussi aux oignons verts crus dans les salades.

LE PAMPLEMOUSSE ROSE (ET LES AUTRES AGRUMES)
IG : 15 À 30

Le pamplemousse est, de tous les agrumes, celui qui a l'IG le plus bas. Profitez-en, d'autant qu'il fournit des fibres excellentes pour le transit, et une bonne dose de vitamines tonifiantes. L'orange et la clémentine possèdent un IG un peu plus élevé, 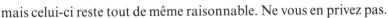 mais celui-ci reste tout de même raisonnable. Ne vous en privez pas.

⊕ *Le thyro-truc*

Évitez de les sucrer. Si vous n'appréciez pas leur amertume, ajoutez un peu de sirop d'agave, à l'IG plus bas que celui du sucre. Vous pouvez aussi les faire légèrement gratiner au four.

Le pamplemousse et l'orange s'intègrent très bien dans les salades salées, avec d'autres légumes, du riz et des crevettes par exemple.

LES PÂTES COMPLÈTES

IG : 50

Même si elles ont un IG plus élevé que la plupart des aliments de cette liste, elles y tiennent une place importante. Elles sont très rassasiantes et fournissent de l'énergie sans trop déséquilibrer l'IG global des repas.

Pour cela, associez toujours une portion de pâtes à une portion de protéines et deux portions de légumes. Elles apportent aussi des vitamines du groupe B, indispensables au fonctionnement cérébral. Elles contribuent ainsi à apaiser le stress. Leurs fibres contribuent à la régulation du transit.

✚ Le thyro-truc

Préférez les pâtes al dente, car leur IG est plus bas que celui des pâtes très cuites. Elles se marient bien avec tous les légumes ou presque : tomates, poivrons et courgettes ; oignons, céleri et épinards ; champignons, ail et fines herbes… Pensez aussi à elles pour vos salades.

LA POMME

IG : 40

Malgré leur IG moyen, les pommes ont leur place dans votre alimentation spéciale thyroïde. Elles fournissent de l'énergie et ont un fort pouvoir de satiété. Leurs fibres douces régulent le transit et contribuent à la protection du système cardiovasculaire (notamment contre le cholestérol).

En plus, leurs sucres favorisent la sécrétion d'une neurohormone, la sérotonine, indispensable à la détente nerveuse et au sommeil. Mais n'en abusez pas : une pomme par jour au maximum, de préférence dans l'après-midi ou le soir pour bénéficier à fond de ses vertus apaisantes.

➕ *Le thyro-truc*

Cuites, les pommes perdent de leur pouvoir de satiété. Mangez-les plutôt crues, de préférence avec leur peau (à condition qu'elles soient bio).

En version salée, elles se marient bien avec les volailles et les viandes blanches. Pensez aussi à elles dans vos salades salées et sucrées.

LE POULET

IG : 0

Outre ses bonnes protéines, associées à peu de matières grasses (à condition de bien choisir son morceau et de le consommer sans la peau), le poulet fournit une large palette de minéraux,  parmi lesquels le sélénium dont votre thyroïde a besoin. Le poulet apporte aussi du fer, en moins grande quantité que la viande rouge mais celui-ci est facilement assimilable.

➕ *Le thyro-truc*

Cuisez votre poulet sans ajouter de matière grasse, au four, en cocotte ou simplement bouilli. Puis enlevez la peau et dégustez de préférence les morceaux les moins gras (le blanc plutôt que l'aile).

Si vous le cuisez en morceaux, à l'étouffée avec des légumes, ôtez la peau avant de le cuisiner.

Choisissez toujours une volaille de bonne qualité (bio, logo AB ou bleu-blanc-cœur). Mieux vaut en manger moins, mais bénéficier d'un meilleur apport nutritionnel et… gustatif !

LE QUINOA

IG : 40

Ce n'est pas une céréale, mais une simple graine.
Elle est tout aussi rassasiante et fournit une énergie
durable. Le quinoa contient également des protéines
complètes, ce qui est rare pour un végétal. Il apporte
aussi des fibres et une grande variété de minéraux : magnésium,
calcium, fer, zinc… Avantage non négligeable, il ne contient pas de
gluten. Il est donc adapté aux personnes qui souffrent d'intolérance.

✚ *Le thyro-truc*

*Cuisinez-le comme du riz : cuit dans l'eau bouillante pendant
10 minutes. Puis accompagnez-le d'une protéine (viande ou poisson) et
de légumes. Vous pouvez aussi l'intégrer, tiède ou froid, à des salades
ou le préparer en dessert (dans des flans par exemple).*

LE RIZ BRUN

IG : 50

Son IG est plus bas que celui du riz blanc, et surtout
du riz précuit ou gluant. Le riz brun est aussi plus
riche en nutriments, car ses grains n'ont pas été
débarrassés de la totalité de leur enveloppe. Cela
lui donne une plus grande richesse minérale et vitaminique. Le riz
brun est un excellent aliment de l'effort et des états de fatigue. Il a
un fort pouvoir rassasiant et se marie avec toutes les saveurs.

✚ *Le thyro-truc*

*Si vous ne trouvez pas de riz brun (ou si vous n'aimez pas sa saveur),
tournez-vous vers le riz basmati. Ses grains fermes rendent les glucides
moins rapidement disponibles que ceux du riz blanc à grains ronds.*

Comme les pâtes et le quinoa, le riz doit être accompagné d'une protéine et d'un plat de légumes. Ainsi composé, l'IG global du repas reste raisonnable.

LE SAUMON

IG : 0

Son apport en iode est exceptionnel : plus de 200 microgrammes aux 100 g. Le saumon d'élevage en apporte un peu moins que le sauvage, mais il reste tout de même un aliment exceptionnel pour la thyroïde, d'autant qu'il fournit aussi du sélénium. S'ajoutent à cela des acides gras d'excellente qualité (oméga 3 et 6) qui contribuent au bon état des artères et du cerveau. Très utile dans les moments de stress et pour prévenir la hausse du cholestérol.

➕ **Le thyro-truc**

Inutile de vous prendre la tête pour cuisiner le saumon : frais ou surgelé, arrangez-le dans une papillote de papier sulfurisé, ajoutez des légumes et des aromates (épinards, fenouil émincé, étoiles de badiane, gingembre…) et mettez-le au four.

Vous pouvez aussi faire mariner de fines tranches de saumon frais dans du jus de citron et d'orange. C'est délicieux en entrée.

LE SIROP D'AGAVE

IG : 25

Voilà une bonne solution de rechange au sucre, et même au miel. Le sirop d'agave a un pouvoir sucrant équivalent, mais un IG beaucoup plus bas (15, contre 65 pour le miel et 80 pour le sucre blanc). Il est extrait d'une variété de cactus. C'est donc un produit 100 % naturel.

✚ Le thyro-truc

Le sirop d'agave se présente comme un miel très liquide. Il s'utilise comme le sucre : dans les yogourts, le fromage blanc, les salades de fruits... Et même dans les desserts plus sophistiqués (flans, biscuits maison...) car il résiste bien à la cuisson.

LE YOGOURT

IG : 30

L'intérêt majeur du yogourt réside dans les bactéries qu'il renferme. Celles-ci contribuent à ensemencer la flore intestinale, dont l'équilibre est fragile. La consommation régulière de cet aliment probiotique permet de conserver un transit régulier, mais aussi une immunité solide. En plus, le yogourt fournit beaucoup de minéraux (calcium, magnésium, phosphore...) et des protéines. Il a même un effet antistress et favorise le sommeil lorsqu'on le consomme au dîner. Malgré toutes ces qualités, il ne faut pas en abuser car son IG n'est pas négligeable. Contentez-vous de 1 ou 2 yogourts par jour. Vous pouvez alterner avec du fromage blanc et des fromages frais (chèvre ou brebis) qui ont des vertus similaires, excepté en ce qui concerne la flore intestinale.

✚ Le thyro-truc

Les yogourts entiers ont le même IG que ceux à 0 %. Si vous ne surveillez pas votre ligne, ne vous privez pas de leur douceur. En revanche, évitez les yogourts aux fruits ou aromatisés qui contiennent des sucres ajoutés.

Pensez aussi au yogourt pour préparer des sauces froides (crudités, volailles et poissons froids...).

LE RÉGIME IG THYROÏDE EN PRATIQUE

Armé de tous les conseils des chapitres précédents, vous allez maintenant pouvoir chouchouter votre thyroïde et réguler son fonctionnement quotidien avec des gestes simples, à commencer par la correction de votre régime alimentaire. Pour vous accompagner sur ce chemin, voici des infos résolument pratiques pour faire vos courses, construire vos repas et surtout cuisiner IG thyroïde en conservant le plaisir de concocter des bons petits plats, de les déguster et de les partager. Car, vous l'avez compris, le Régime IG thyroïde ne va pas vous enfermer dans la frustration et l'interdit. Une nouvelle manière de manger s'offre à vous, riche de saveurs et de plaisir.

À avoir chez vous...

En premier lieu, vous allez devoir changer quelques habitudes lorsque vous faites vos courses : mettre l'accent sur les produits de la mer (poissons, coquillages et crustacés) plutôt que sur la viande ; augmenter votre consommation de fruits et légumes frais (ou surgelés nature) ; troquer les céréales raffinées contre des complètes ou semi-complètes (riz, pâtes, pain...). D'une manière toute « mathématique », plus vous augmentez la consommation de ces produits, moins vous laisserez de place pour ceux que vous devez éviter, à savoir les aliments à IG très élevé (sucreries, sodas, bonbons, pâtisseries, produits industrialisés, plats tout prêts du commerce…).

Voici, en plus, quelques produits qu'il vaut mieux avoir toujours sous la main pour vous faciliter la vie et éviter nombre de pulsions irrépressibles. Ils aident à cuisiner très rapidement, sans que les repas soient monotones. En prime, ils ont des vertus santé. Que demander de plus ?

DANS VOS PLACARDS

Des épices
Elles se conservent longtemps, profitez-en ! Achetez-en une ou deux chaque fois que vous allez faire vos courses. Ainsi, au bout de quelques semaines, vous aurez à portée de main un large éventail de choix sans avoir eu l'impression de dépenser des fortunes.

Les plus faciles à utiliser :
• la noix de muscade
• le piment de Cayenne et le piment d'Espelette moulus
• le safran, en filaments et en poudre
• le gingembre moulu
• la cannelle, en bâton et moulue
• le cumin moulu
• le paprika doux
• le curry en poudre
• la badiane
• les clous de girofle
• le poivre en grains (avec un moulin à poivre)
• le sel iodé et le sel aux algues

Des huiles de bonne qualité

Elles peuvent être un peu plus chères que les huiles bas de gamme, mais rapportée au prix de la cuillerée à soupe, la différence est négligeable. Les bienfaits, eux, ne le sont pas ! En gardant plusieurs bonnes huiles sous la main, vous allez pouvoir varier la saveur de vos plats et équilibrer vos apports en oméga 3, 6 et 9, car chacune possède une composition particulière en acides gras essentiels.

Par exemple :

- *L'huile d'olive.* Elle est indispensable car elle résiste bien à la cuisson. Faites-en votre huile de base. Il en existe différentes sortes, à la saveur plus ou moins marquée. Choisissez en fonction de vos goûts.
- *L'huile de colza.* C'est la seconde huile de cuisson, car elle résiste elle aussi à la chaleur. Sa saveur est très légère (voire insipide), ce qui peut se révéler utile dans certaines préparations.
- *L'huile de sésame.* Elle a une délicieuse saveur de noisette grillée. On ne peut pas la cuire, mais on peut la verser sur des préparations chaudes après la cuisson.
- *L'huile de noix.* Comme la précédente, on ne peut pas la cuire. Mais sa saveur marquée se marie bien avec certains légumes (endives, courgettes, fenouil…). Achetez-la conditionnée en petite bouteille, car elle rancit plus rapidement que les autres.

Des vinaigres

On trouve aujourd'hui divers vinaigres, dont certains aromatisés, très utiles pour faire chanter les salades et les plats cuisinés. Pensez-y.

Par exemple :

- *Le vinaigre de cidre.* Moins acide que le vinaigre de vin, il constitue une base indispensable.
- *Le vinaigre de vin.* De saveur plus acide, il satisfait certains palais

et équilibre les saveurs trop fades. Choisissez-le de bonne qualité (vinaigre de Xérès, de vin rouge vieilli en fût de chêne...). Plus encore que pour les huiles, la différence de prix pèse très peu au regard du temps que dure une bouteille.

- *Le vinaigre balsamique.* Plus sucré et moins acide, il résulte d'une fabrication tout à fait différente. Il est parfait dans les plats sucrés-salés et pour relever les desserts.
- *Un ou deux vinaigres aromatisés.* Les plus courants sont à la framboise, à la figue, au miel, au gingembre, aux noix, à l'échalote...

Des pâtes et du riz complet

Pour pouvoir préparer en vitesse un plat qui tient au corps quand on a faim. Histoire de ne pas « craquer » sur un sandwich au pain blanc ou un paquet de biscuits secs.

DANS VOTRE CONGÉLATEUR

Des herbes aromatiques

Basilic, coriandre, persil, ciboulette, menthe... tous ces aromates supportent très bien la congélation. Leur saveur est préservée. Ils sont déjà ciselés, ce qui fait gagner un temps considérable, d'autant qu'ils n'ont pas besoin d'être décongelés avant usage (même dans les salades).

Des oignons tranchés

Encore un gain de temps pour les cuisiniers et cuisinières. On les utilise encore congelés, et comme ils jettent un peu d'eau en chauffant, ils peuvent se cuisiner avec très peu de matières grasses.

Des cubes de poivron (rouge et vert) et de tomate crue

Même remarque que pour les oignons.

Quelques produits de la mer

Filets de poisson, coquilles Saint-Jacques, crevettes… Certains se cuisinent encore congelés, les autres décongèlent rapidement. Ils permettent de préparer des plats sains, bénéfiques pour votre thyroïde, même quand on n'a pas eu le temps de faire les courses.

Quelques légumes

Soit crus, épluchés et tranchés (courgettes, céleri, poireaux…), soit cuits à la vapeur (purée de haricots verts ou de courgettes). À condition, bien sûr, qu'ils ne soient pas cuisinés.

Les petits déjeuners IG thyroïde

C'est un vrai repas qu'il ne faut pas négliger, les nutritionnistes le rappellent depuis plusieurs décennies. Dans le Régime IG, le petit déjeuner occupe une place très importante. C'est, traditionnellement, le repas où nous consommons le plus de sucres rapides (confiture, viennoiseries, biscuits…). Or, c'est précisément ce qu'il faut éviter. En même temps, c'est un repas qui doit apporter de l'énergie pour la journée qui s'annonce, sans provoquer un pic glycémique qui serait forcément suivi d'une réaction de fatigue, voire d'une légère perturbation thyroïdienne.

Cette équation n'est pas très compliquée à résoudre. Il faut d'abord éviter les viennoiseries et les confitures. Pour apporter à l'organisme des sucres à IG moyen, il faut les remplacer par du pain complet (tartiné avec du fromage frais en version salée ou de la compote sans sucre ajouté en version sucrée) ou du muesli (sans sucre ajouté). Ajoutez un fruit frais (entier, pressé sur l'instant, ou coupé en dés dans le muesli). Une source de protéines (un yogourt, un œuf, une tasse de lait…) est aussi la bienvenue, ainsi qu'une boisson chaude.

Voici quelques exemples de petits déjeuners IG thyroïde :

- ⏲ **Petit déjeuner consistant :** vous avez une faim de loup au réveil et vous avez besoin d'un repas solide.
  - *Thé ou café non sucré,* ou très légèrement sucré à la stévia ou au sirop d'agave.
  - *Un bol de muesli.* À condition de le choisir « sans sucres ajoutés ». Préférez les mueslis aux fruits, qui permettent de ne pas rajouter de sucre dans le bol.
  - *1 tasse de lait demi-écrémé,* à verser dans le muesli.
  - *1 fruit.* Vous pouvez l'ajouter, coupé en dés, dans votre muesli. Vous pouvez aussi le déguster à part. Un bol de fruits rouges fait parfaitement l'affaire, comme une pomme, une orange, un pamplemousse, deux abricots, une petite grappe de raisin…

- ⏲ **Petit déjeuner sucré :** vous ne supportez pas de vous passer de la saveur sucrée le matin. C'est possible, sans provoquer de pic glycémique trop important.
  - *Thé ou café non sucré,* ou très légèrement sucré à la stévia ou au sirop d'agave.
  - *3 tranches de pain complet,* grillées ou non.
  - *3 cuillères à soupe de compote* « sans sucres ajoutés », à tartiner sur le pain complet.
  - *1 yogourt à 0 %,* sucré avec 1 cuillère à soupe de sirop d'agave.

- ⏲ **Petit déjeuner salé :** vous aimez bien les petits déjeuners à l'anglaise. Surtout, ne vous en privez pas, à condition de ne pas abuser des graisses animales.
  - *Thé ou café non sucré,* ou très légèrement sucré à la stévia ou au sirop d'agave.
  - *2 tranches de pain complet,* grillées ou non.
  - *2 cuillères à soupe de fromage de chèvre frais,* à tartiner sur le pain.

- *1 œuf* à la coque, mollet ou dur.
- *1 fruit :* 1 kiwi, 1 petit bol de fruits rouges, 1 orange, 2 abricots, 1 pêche... Vous avez le choix.

Deux semaines de menus IG thyroïde

Pour vous aider à commencer, voici deux semaines de menus. Commencez par un petit déjeuner équilibré (voir plus haut), puis composez vos menus en intégrant au maximum un aliment ayant un IG moyen par repas. Pour le reste, privilégiez les IG nuls ou bas (moins de 15). *Les plats en italique* sont détaillés dans la partie « recettes » de ce chapitre (voir à partir de la p. 135).

Jour 1	
⏱ **Déjeuner**	⏱ **Dîner**
• *Salade de fenouil aux figues* • Filet de saumon au four • Purée de céleri-rave • Salade de fruits frais	• Potage de légumes • *Lapin rôti à l'émincée de légumes* • Timbale de quinoa • 1 yogourt

Jour 2	
⏱ **Déjeuner**	⏱ **Dîner**
• *Flan de courgettes au gingembre* • Crevettes à l'aigre douce • Timbale de riz complet • Ananas poêlé au basilic	• Salade de roquette aux pignons • Pâtes aux courgettes et au saumon • 1 bol de fromage blanc à 0 %, avec 1 cuillère à soupe de sirop d'agave • 1 fruit frais

JOUR 3	
⏱ **Déjeuner**	⏱ **Dîner**
• *Salade de riz aux trois poivrons* • Blanc de poulet à la vapeur • Gratin d'aubergines à la tomate • 1 pomme au four	• *Soupe gratinée aux oignons frais* • Poêlée de coquilles Saint-Jacques • *Tomates gratinées* • *Flan de pêches à la vanille*

JOUR 4	
⏱ **Déjeuner**	⏱ **Dîner**
• Salade d'endives aux noix • *Râble de lapin aux poivrons* • Timbale de pâtes complètes à l'huile d'olive • *1 yogourt aux pommes et aux épices*	• Velouté de poireaux au lait d'amande • Moules à l'ail • *Purée de courgettes aux herbes* • 1 fruit frais

JOUR 5	
⏱ **Déjeuner**	⏱ **Dîner**
• Salade de champignons à l'huile de sésame et au citron • *Saumon en croûte d'algues* • Riz crémeux aux amandes • Compote de mangues	• *Soupe aux saveurs de la mer* • *Pâtes aux crevettes* • Yogourt nature avec 1 cuillère à soupe de sirop d'agave

Jour 6	
⏱ **Déjeuner**	⏱ **Dîner**
• Salade de tomates, feta et basilic • *Dos de cabillaud rôti* • *Flan de quinoa aux saveurs du soleil* • Salade d'agrumes à la cannelle	• *Potage au poivron et à la tomate* • Poulet rôti sans la peau • Petits légumes vapeur, sauce au yogourt et au citron • *Compotée d'abricots aux fleurs*

Jour 7	
⏱ **Déjeuner**	⏱ **Dîner**
• Salade de concombre à la menthe • *Magret de canard aux épices* • Courgettes sautées à la tomate • Flan au chocolat noir et aux noix	• *Soupe miso aux algues* • *Salade de lentilles au haddock* • 1 tranche de pain complet tartiné de fromage frais • 1 fruit frais

Jour 8	
⏱ **Déjeuner**	⏱ **Dîner**
• Asperges vinaigrette • Filets de sole à la crème d'avocat • Timbale de quinoa • *Flan de framboises à la rose et au litchi*	• Potage d'endives aux poires • Filet de colin à la vapeur • *Couscous aux petits pois et aux fèves* • 1 bol de fromage blanc à 0 % avec 1 cuillère à soupe de sirop d'agave

2 SEMAINES DE MENUS IG THYROÏDE

131

2 SEMAINES DE MENUS IG THYROÏDE

JOUR 9	
🕐 **Déjeuner**	🕐 **Dîner**
• Salade verte aux noix • *Poivrons farcis* • *Taboulé aux fruits*	• Huîtres gratinées • Cailles rôties (sans la peau) • Purée de haricots verts au gingembre • *Flan de pastèque à la coriandre*

JOUR 10	
🕐 **Déjeuner**	🕐 **Dîner**
• Salade de pois chiches aux épices • Escalope de dinde poêlée aux champignons • Salade verte • Yogourt à 0 % avec 1 cuillère à soupe de sirop d'agave	• Carottes râpées à l'huile de sésame et au citron • *Sardines farcies au fromage frais* • Poivrons grillés • Un fruit de saison

JOUR 11	
🕐 **Déjeuner**	🕐 **Dîner**
• Potage froid de courgettes au fromage frais • *Filet de flétan aux zestes de citron* • Timbale de quinoa • *Fraises aux épices*	• Artichauts à la barigoule • Brochette d'agneau grillée • Haricots verts en sauce tomate • *Panna cotta aux cerises*

JOUR 12	
Déjeuner	Dîner
• *Fèves à la marocaine* • *Lapin aux anchois* • Endives braisées • 1 fruit de saison	• *Velouté de céleri aux herbes* • *Méli-mélo de la mer au safran* • Timbale de riz complet à l'huile d'olive • Salade de fruits frais à la menthe

JOUR 13	
Déjeuner	Dîner
• *Gratin d'asperges* • Sardines grillées au citron • Ratatouille provençale • Gâteau de riz aux fruits rouges	• *Salade de concombre, pêches et crevettes* • Petits rougets poêlés à l'ail et au persil • Tagliatelle complètes à l'huile d'olive • Bol de fruits rouges

JOUR 14	
Déjeuner	Dîner
• Légumes grillés aux herbes • Daurade au four • *Gâteau de riz aux épinards* • *Terrine de poires au gingembre*	• Minestrone (aux vermicelles complets) • Gigot d'agneau au four • *Haricots blancs à la tomate* • Yogourt nature aux framboises fraîches

2 SEMAINES DE MENUS IG THYROÏDE

LES RECETTES

SOUPES, VELOUTÉS ET POTAGES

SOUPE AUX SAVEURS DE LA MER

Pour 4 personnes
Préparation : 5 minutes
Cuisson : 25 minutes
Marinage : une nuit

Ingrédients :
1 kg de filets de poissons mélangés (colin, saumon, lotte, rougets...)
2 gousses d'ail
1 bouquet garni (thym, romarin, laurier) soigneusement ficelé
1 dosette de safran
200 g de petites crevettes roses cuites décortiquées
2 c. à soupe d'huile d'olive Sel et poivre

Coupez les filets de poisson en morceaux. Épluchez l'ail et coupez-le en lamelles.

Dans un saladier, mélangez les morceaux de poisson, l'ail, l'huile, le bouquet garni et le safran. Laissez macérer une nuit au réfrigérateur.

Le lendemain, faites cuire le mélange dans une cocotte pendant 10 minutes, puis ajoutez 1,5 litre d'eau, salez, poivrez et laissez cuire 15 minutes.

Prélevez le bouquet garni et passez la soupe au mixeur. Versez-la dans des bols individuels et répartissez les crevettes sur le dessus. Servez immédiatement.

 UNE ASTUCE EN PLUS

Si vous préparez votre soupe avec des petits poissons de roche entiers (rascasse, rougets...), vous devrez la passer au moulin à légumes et non au mixeur afin d'éliminer les arêtes. C'est un peu plus long à préparer, mais la saveur mérite bien l'effort.

POTAGE DE MÂCHE AUX PIGNONS

Pour 4 personnes
Préparation : 10 minutes
Cuisson : 20 minutes

Ingrédients :
500 g de courgettes
1 sachet de mâche (150 g)
1 oignon
1 gousse d'ail
2 c. à soupe d'huile
d'olive
1 poignée de pignons
Sel et poivre

Rincez les courgettes, éliminez les extrémités et épluchez-les en conservant un lai de peau sur deux. Puis coupez-les en tronçons de 1 cm.

Rincez la mâche. Épluchez l'oignon et l'ail puis coupez-les en lamelles.

Faites chauffer 1 c. à soupe d'huile dans une casserole, puis faites dorer l'ail et l'oignon en remuant pendant 2 minutes. Ajoutez les courgettes et la mâche. Salez, poivrez et laissez cuire encore 3 minutes.

Ajoutez 1,5 litre d'eau. Laissez mijoter à couvert pendant 15 minutes.

Passez le potage au mixeur jusqu'à ce qu'il soit bien lisse. Répartissez-le dans quatre bols individuels. Saupoudrez avec les pignons et arrosez d'un mince filet d'huile d'olive. Servez immédiatement.

 UNE ASTUCE EN PLUS
Pour renforcer la saveur italienne de ce potage, déposez quelques copeaux de parmesan dans les bols juste avant de servir.

POTAGE À LA TOMATE ET AU POIVRON

Pour 4 personnes
Préparation : 15 minutes
Cuisson : 25 minutes

Ingrédients :
2 poivrons verts
2 gousses d'ail
1 kg de tomates
1 branche de thym
1 branche de romarin
1 c. à soupe d'huile d'olive
Sel et poivre

Rincez les poivrons, épépinez-les et coupez-les en tranches fines. Épluchez les gousses d'ail et détaillez-les en lamelles.

Faites chauffer l'huile dans une casserole, puis faites-y dorer les lamelles d'ail pendant 2 minutes. Ajoutez les poivrons et laissez dorer encore 3 minutes.

Plongez les tomates 1 minute dans l'eau bouillante puis pelez-les, épépinez-les et coupez-les en dés. Ajoutez-les dans la casserole, ainsi que 1 litre d'eau. Ajoutez le thym et le romarin, salez, poivrez, couvrez et laissez mijoter 20 minutes.

Prélevez le thym et le romain, puis passez le potage au mixeur, assez rapidement pour qu'il ne devienne pas trop lisse. Servez chaud ou froid.

 UNE ASTUCE EN PLUS
Si votre repas ne comporte pas de céréales (pâtes, riz…), vous pouvez servir ce potage avec une tranche de pain complet grillée, frottée d'ail.

POTAGE PRINTANIER AU GINGEMBRE

Pour 4 personnes
Préparation : 10 minutes
Cuisson : 35 minutes

Ingrédients :
200 g d'épinards frais
1 bulbe de fenouil
300 g de courgettes
3 oignons frais (cébettes)
20 g de gingembre frais
1 c. à soupe d'huile d'olive
Sel et poivre

Nettoyez les oignons et coupez-les en lamelles. Épluchez le gingembre et tranchez-le très finement.

Rincez le fenouil, enlevez les feuilles extérieures si elles sont trop fibreuses, puis coupez-le en tranches fines. Rincez les courgettes, éliminez les extrémités, épluchez-les en laissant un lai de peau sur deux, puis débitez-les en tronçons de 1 cm. Rincez les épinards.

Faites chauffer l'huile dans une casserole, puis faites dorer les oignons et le gingembre pendant 2 minutes. Ajoutez les autres légumes, laissez cuire 3 minutes en remuant sans arrêt, puis versez 1,5 litre d'eau. Salez, poivrez et laissez mijoter à couvert pendant 30 minutes.

Passez le potage au mixeur jusqu'à ce qu'il soit bien lisse et servez immédiatement.

 UNE ASTUCE EN PLUS

Vous pouvez modifier la saveur de ce potage printanier en variant les légumes verts : pissenlits, roquette, haricots verts, céleri, petits pois... Suivez vos envies.

VELOUTÉ DE CÉLERI AUX HERBES

Pour 4 personnes
Préparation : 10 minutes
Cuisson : 25 minutes

Ingrédients :
1 pied de céleri en branche
2 gousses d'ail
2 c. à soupe de tofu soyeux
3 branches de persil
3 branches de basilic
3 branches de coriandre
1 c. à soupe d'huile d'olive
Sel et poivre

Épluchez les gousses d'ail et tranchez-les en lamelles. Nettoyez le pied de céleri, épluchez soigneusement les branches afin d'éliminer tous les fils et coupez-le en tronçons de 2 à 3 cm.

Faites chauffer l'huile dans une casserole. Jetez-y les lamelles d'ail et laissez dorer 2 minutes. Puis ajoutez le céleri, salez, poivrez, mélangez et laissez cuire 3 minutes.

Ajoutez 1,5 litre d'eau, couvrez et laissez mijoter 20 minutes.

Pendant ce temps, prélevez les feuilles des aromates, rincez-les et ciselez-les dans le fond d'un verre.

Lorsque le potage est cuit, versez-le dans le bol de votre mixeur. Ajoutez le tofu soyeux et mixez jusqu'à obtenir une crème bien lisse. Répartissez-la dans des bols individuels, parsemez avec les herbes ciselées et servez immédiatement.

 UNE ASTUCE EN PLUS
Si vous êtes pressé, vous pouvez préparer cette crème avec du céleri surgelé, déjà nettoyé. Il en est de même des herbes aromatiques : persil, basilic et coriandre conservent parfaitement leur saveur à la congélation.

VELOUTÉ D'ENDIVES AUX POIRES

Pour 4 personnes
Préparation : 10 minutes
Cuisson : 20 minutes

Ingrédients :
1 kg d'endives
2 poires
100 g de fromage de chèvre frais
2 c. à soupe de cerneaux de noix brisés
1 pincée de noix de muscade
1 c. à soupe d'huile d'olive
Sel et poivre

Rincez les endives, éliminez les feuilles extérieures si elles sont abîmées et tranchez-les en lamelles. Épluchez les poires, épépinez-les et coupez-les en dés.

Faites chauffer l'huile dans une casserole, puis jetez-y les lamelles d'endive. Mélangez et laissez cuire 5 minutes. Ajoutez les dés de poire, salez, poivrez et intégrez la noix de muscade. Remuez et versez 1,5 litre d'eau. Couvrez et laissez mijoter 15 minutes.

Versez dans le bol de votre mixeur et ajoutez le fromage de chèvre frais. Mixez jusqu'à obtenir une crème bien lisse. Répartissez dans des bols individuels, parsemez de cerneaux de noix brisés et servez immédiatement.

 UNE ASTUCE EN PLUS
La douceur des poires atténue l'amertume des endives. Vous pouvez les remplacer par des pommes à chair tendre.

143

SOUPE GRATINÉE AUX OIGNONS ROUGES

Pour 4 personnes
Préparation : 10 minutes
Cuisson : 30 minutes

Ingrédients :
1 kg d'oignons rouges
1 c. à soupe de sauce soya
1 c. à soupe d'huile d'olive
1 branche de thym
1 branche de romarin
1 boule de mozzarella
4 fines tranches de pain complet
Sel et poivre

Épluchez les oignons et tranchez-les en fines lamelles.

Faites chauffer l'huile dans une casserole. Jetez-y les oignons, salez, poivrez, remuez et laissez cuire 5 minutes. Ajoutez la sauce soya et les aromates. Salez légèrement et poivrez.

Versez 1,5 litre d'eau, couvrez et laissez mijoter 20 minutes.

Faites chauffer votre four à 400 °F.

Lorsque la soupe est cuite, enlevez les branches de thym et de romarin. Puis répartissez-la dans des bols individuels allant au four.

Faites griller les tranches de pain complet. Coupez-les en petits morceaux et déposez-les sur la soupe. Arrangez par-dessus quelques tranches de mozzarella et enfournez. Laissez gratiner 5 minutes et servez immédiatement.

 UNE ASTUCE EN PLUS

Si vous servez cette soupe à l'oignon en entrée, n'intégrez pas de céréales à votre repas. Contentez-vous d'un aliment protéiné et de légumes verts.

SOUPE MISO AU TOFU ET AUX ALGUES

Pour 4 personnes
Préparation : 15 minutes
Cuisson : 20 minutes

Ingrédients :
200 g de champignons de Paris
100 g de tofu
2 carottes
1 poireau
1 branche de céleri
1 citron non traité
3 c. à soupe rases de wakamé frais (conservé au sel)
2 c. à soupe rases de miso
1 c. à soupe d'huile d'olive
20 g de gingembre frais
Sel et poivre

Rincez les champignons, puis tranchez-les en lamelles. Épluchez les carottes et débitez-les en rondelles. Nettoyez le poireau et la branche de céleri, puis coupez-les en tranches fines.

Débitez le tofu en petits cubes. Épluchez le gingembre et tranchez-le en très fines lamelles. Rincez le citron et prélevez son zeste.

Faites chauffer l'huile dans une casserole et jetez-y le gingembre. Laissez dorer 1 minute, puis ajoutez les champignons. Mélangez et faites cuire encore 2 minutes. Ajoutez carottes, poireau, céleri et tofu. Faites chauffer le tout 2 minutes avant de verser 1,5 litre d'eau. Couvrez et laissez frissonner 5 minutes.

Pendant ce temps, rincez soigneusement le wakamé et ciselez-le. Ajoutez-le dans la soupe et laissez cuire encore 10 minutes.

Retirez du feu, puis incorporez le miso et le zeste de citron. Mélangez et répartissez dans des bols individuels. Servez immédiatement.

 UNE ASTUCE EN PLUS

Vous pouvez préparer cette soupe avec toutes sortes d'algues : nori, kumbo, dulse... Au dernier moment, vous pouvez jeter dans le potage deux poignées de vermicelles de riz qui gonfleront rapidement et donneront de la consistance. La soupe devient alors un plat principal, idéal pour le repas du soir.

RECETTES IG THYROÏDE
SALADES FRAÎCHES ET COLORÉES

SALADE TIÈDE DE HARICOTS VERTS AU CANARD FUMÉ

Pour 4 personnes
Préparation : 10 minutes
Cuisson : 15 minutes

Ingrédients :
5 tasses de haricots verts extrafins surgelés
100 g de magret de canard fumé tranché
1 échalote
3 c. à soupe d'huile de sésame
1 c. à soupe de vinaigre balsamique
Sel et poivre

Enlevez la partie grasse des tranches de canard fumé, puis coupez-les en morceaux d'environ 2 cm. Épluchez l'échalote et tranchez-la en très fines lamelles.

Dans le fond d'un saladier, versez le vinaigre balsamique, du sel et du poivre. Mélangez, puis intégrez l'huile de sésame en mince filet sans cesser de remuer. Ajoutez l'échalote et le canard fumé. Laissez reposer.

Pendant ce temps, faites cuire les haricots verts à la vapeur pendant 15 minutes.

Lorsqu'ils sont cuits, ajoutez-les encore chauds dans le saladier. Mélangez pour bien les napper de saveurs et laissez reposer une dizaine de minutes, à température ambiante, avant de servir.

 UNE ASTUCE EN PLUS

Vous pouvez aussi préparer vous-même votre magret de canard au sel. Roulez-le dans le sel, puis enveloppez-le dans un papier d'aluminium et laissez-le reposer 48 heures au réfrigérateur. Puis rincez-le soigneusement, essuyez-le, poivrez et enveloppez-le dans un torchon propre. Mettez-le à nouveau au réfrigérateur pendant 15 jours. Votre magret de canard est prêt. Il se conservera une quinzaine de jours, enveloppé dans un torchon. Taillez-le en tranches fines pour l'intégrer à une salade ou pour le déguster avec du pain complet grillé.

SALADE DE LENTILLES AU HADDOCK

Pour 4 personnes
Préparation : 10 minutes
Pas de cuisson

Ingrédients :
1 grosse boîte de lentilles au naturel
1 filet de haddock (environ 150 g)
2 oignons verts
2 c. à soupe d'huile de colza
1 c. à soupe de vinaigre de cidre
Sel et poivre

Rincez le filet de haddock à l'eau chaude puis essuyez-le soigneusement. Coupez-le en tranches d'environ 1 cm.

Versez les lentilles dans une passoire et rincez-les à l'eau tiède.

Nettoyez les oignons frais et tranchez-les en fines lamelles.

Dans un saladier, versez d'abord le vinaigre, du sel et du poivre. Mélangez, puis versez l'huile en mince filet sans cesser de remuer.

Ajoutez les lamelles d'oignon, puis les lentilles et les tranches de haddock. Remuez et laissez reposer au moins ½ heure à température ambiante.

 UNE ASTUCE EN PLUS

Si vous préparez la salade à l'avance, vous pouvez la conserver au réfrigérateur. Dans ce cas, sortez-la ½ heure avant de la déguster afin qu'elle retrouve sa saveur à température ambiante.

SALADE DE CHAMPIGNONS AUX HERBES

Pour 4 personnes
Préparation : 10 minutes
Pas de cuisson

Ingrédients :
400 g de champignons de Paris
1 petit pot de yogourt nature
½ c. à thé de moutarde
1 c. à thé de sauce soya
1 c. à soupe de vinaigre balsamique
10 brins de ciboulette
5 branches de persil frisé
3 branches de menthe
Sel et poivre

Rincez rapidement les champignons sous l'eau claire, débarrassez-les de leur pied terreux et coupez-les en lamelles.

Dans un saladier, versez d'abord le vinaigre balsamique, la moutarde, la sauce soya, du sel et du poivre. Mélangez bien, puis intégrez le yogourt sans cesser de remuer jusqu'à obtenir une préparation très homogène.

Ajoutez les champignons dans cette préparation et mélangez bien.

Rincez les herbes. Ciselez la ciboulette. Prélevez les feuilles de la menthe et du persil et ciselez-les également. Mélangez le tout et parsemez sur la salade. Conservez au réfrigérateur jusqu'au moment de servir.

UNE ASTUCE EN PLUS

Ne préparez pas cette salade trop à l'avance (½ heure maximum), car les champignons jettent rapidement leur eau dans la sauce qui se détrempe. Au besoin, préparez la sauce d'un côté et les champignons de l'autre, et arrosez ces derniers d'un jus de citron pour qu'ils ne noircissent pas. Mélangez les champignons et la sauce au moment de servir.

SALADE DE CONCOMBRE ET PÊCHES AUX CREVETTES

Pour 4 personnes
Préparation : 10 minutes
Pas de cuisson

Ingrédients :
1 gros concombre
2 pêches jaunes
200 g de crevettes cuites décortiquées
2 c. à soupe d'huile d'olive
1 c. à soupe de vinaigre de cidre
5 branches de coriandre
Sel et poivre

Épluchez le concombre, coupez-le en quatre dans le sens de la longueur, épépinez-le et coupez-le en cubes.

Pelez les pêches, ôtez les noyaux et coupez-les en dés.

Prélevez les feuilles de la coriandre, rincez-les et ciselez-les.

Dans un saladier, versez le vinaigre, du sel et du poivre. Mélangez, puis versez l'huile d'olive en mince filet sans cesser de remuer. Ajoutez la coriandre.

Versez les cubes de concombre et de pêche dans le saladier et mélangez. Décorez la salade avec les crevettes décortiquées et servez immédiatement.

 UNE ASTUCE EN PLUS
Vous pouvez aussi cuisiner cette salade en remplaçant les pêches par des cubes de melon ou de mangue. Si vous la préparez à l'avance, conservez-la au réfrigérateur (½ heure au maximum). Puis laissez-la une dizaine de minutes à température ambiante avant de servir.

151

SALADE DE FENOUIL AUX FIGUES

Pour 4 personnes

Préparation : 10 minutes

Pas de cuisson

Ingrédients :
2 bulbes de fenouil
8 à 10 petites figues fraîches
20 g de gingembre frais
3 c. à soupe d'huile d'olive
1 c. à soupe de vinaigre de cidre
Sel et poivre

Lavez les bulbes de fenouil, éliminez les grosses feuilles extérieures si elles sont trop fibreuses, puis tranchez-les en fines lamelles.

Rincez les figues, ôtez le pédoncule et coupez-les en huit. Épluchez le gingembre et râpez-le.

Dans un saladier, versez d'abord le vinaigre, du sel, du poivre et le gingembre. Mélangez, puis versez l'huile en mince filet sans cesser de remuer.

Ajoutez le fenouil et mélangez. Répartissez les figues à la surface du saladier. Servez immédiatement.

 UNE ASTUCE EN PLUS

La saison des figues fraîches ne dure pas longtemps. Le reste de l'année, vous pouvez utiliser des figues surgelées. Laissez-les d'abord décongeler à température ambiante avant de les couper en quatre. Récupérez le jus qui coule pendant la congélation et intégrez-le à la sauce.

SALADE DE PASTÈQUE À LA FETA ET AU BASILIC

Pour 4 personnes
Préparation : 10 minutes
Pas de cuisson

Ingrédients :
¼ de pastèque
2 à 3 tomates bien fermes
(selon leur grosseur)
150 g de feta
8 branches de basilic
2 c. à soupe d'huile d'olive
1 c. à soupe de vinaigre
balsamique
Sel et poivre

Prélevez la chair de la pastèque, éliminez les pépins et coupez-la en cubes. Rincez les tomates, épépinez-les et débitez-les en dés. Prélevez les feuilles de basilic, rincez-les et ciselez-les. Épongez la feta.

Dans un saladier, versez d'abord le vinaigre, du sel et du poivre. Mélangez, puis versez l'huile en mince filet sans cesser de remuer.

Ajoutez les dés de pastèque et de tomate, puis le basilic. Mélangez à nouveau. Émiettez la feta à la surface du saladier. Conservez au frais jusqu'au moment du repas.

 UNE ASTUCE EN PLUS

Au printemps, vous pouvez remplacer la pastèque par des fraises. Servez cette salade glacée, sans la laisser reposer à température ambiante. Ne la préparez pas trop longtemps à l'avance (une petite demi-heure) car la pastèque jette rapidement son eau.

SALADE DE PÂTES AU SAUMON MARINÉ ET AUX ALGUES

Pour 4 personnes
Préparation : 15 minutes
Cuisson : 10 minutes
Marinage : 2 heures

Ingrédients :
300 g de tagliatelles complètes
2 filets de saumon frais
1 citron
1 feuille de nori (algue à makis)
5 branches d'aneth
1 échalote
3 c. à soupe d'huile d'olive
Sel et poivre

Ôtez la peau des filets de saumon, puis coupez-les en dés et arrangez-les dans une assiette creuse. Épluchez l'échalote, tranchez-la en fines lamelles et ajoutez à la préparation, ainsi que la feuille de nori coupée en petits morceaux.

Pressez le citron et versez le jus sur les dés de saumon. Ajoutez l'huile, salez, poivrez et mélangez. Laissez reposer 2 heures, en remuant de temps en temps.

Faites chauffer de l'eau salée dans un faitout. Dès qu'elle bout, jetez-y les tagliatelles et laissez cuire 8 à 10 minutes.

Pendant ce temps, rincez les brins d'aneth et ciselez-les. Versez le saumon avec sa marinade dans un saladier et ajoutez l'aneth ciselé.

Dès que les pâtes sont cuites, égouttez-les et ajoutez-les, chaudes, à la préparation. Mélangez et laissez tiédir à température ambiante.

 UNE ASTUCE EN PLUS

Lorsque vous êtes pressé, préparez cette salade avec du saumon fumé découpé en lanières. Vous économiserez le temps de la marinade.

ENTRÉES EN FOLIE

FLAN DE COURGETTES AU GINGEMBRE

Pour 4 personnes
Préparation : 15 minutes
Cuisson : 35 minutes

Ingrédients :
400 g de courgettes
20 g de gingembre frais
2 œufs
1 petit pot de yogourt nature
2 c. à soupe de poudre d'amande
2 c. à soupe d'huile d'olive
Sel et poivre

Faites chauffer votre four à 325 °F.

Rincez les courgettes et épluchez-les en laissant un lai de peau sur deux. Coupez-les en tranches fines. Épluchez le gingembre et râpez-le.

Faites chauffer l'huile dans une grande poêle. Jetez-y d'abord le gingembre râpé, laissez dorer 1 minute, puis ajoutez les courgettes. Salez, poivrez et laissez cuire à petit feu pendant 15 minutes, sans couvrir.

Dans une jatte, mélangez les œufs, le yogourt et la poudre d'amande. Salez, poivrez et mélangez vigoureusement avec un fouet.

Versez les courgettes dans un plat en terre allant au four, puis répartissez par-dessus les œufs battus. Enfournez et laissez cuire 20 minutes.

Servez chaud.

 UNE ASTUCE EN PLUS

Une variante plus rapide et plus légère : faites cuire les courgettes à la vapeur, puis mixez-les avec le gingembre. Battez trois œufs, mélangez avec la purée de courgette et faites cuire au four 20 minutes. Servez avec un yogourt à 0 % additionné de 1 c. à thé de sauce soya.

ŒUFS EN GELÉE DE THÉ VERT

Pour 4 personnes
Préparation : 15 minutes

Cuisson : 10 minutes
Infusion : 10 minutes
Réfrigération : 2 heures

Ingrédients :
4 œufs
1 tranche de saumon fumé
½ poivron vert
2 branches d'aneth
1 c. à soupe de vinaigre
1 c. à thé d'agar-agar (2 g)
2 c. à soupe de thé vert
Sel et poivre du moulin

Faites chauffer ½ litre d'eau. Dès qu'elle bout, jetez-y le thé vert et laissez infuser 10 minutes. Pendant ce temps, rincez le poivron, épépinez-le et coupez-le en tranches fines. Rincez l'aneth et ciselez-le. Découpez le saumon en 8 lanières.

Dans une grande casserole, faites chauffer de l'eau salée additionnée du vinaigre. Dès qu'elle bout, cassez-y très délicatement les œufs et laissez-les cuire pendant 3 minutes. Sortez-les précautionneusement avec une écumoire et placez-les dans des verrines ou des ramequins individuels. Par-dessus, arrangez les lanières de saumon et les tranches de poivron vert. Donnez un tour de moulin à poivre.

Filtrez le thé et remettez l'infusion sur le feu. Dès qu'elle frissonne, ajoutez l'agar-agar et laisser cuire 1 minute en remuant sans arrêt.

Incorporez l'aneth ciselé, puis versez lentement sur les œufs. Laissez d'abord prendre une dizaine de minutes à température ambiante, puis mettez au frais jusqu'au moment de servir (au moins 1 heure).

UNE ASTUCE EN PLUS

Cette recette constitue une base à partir de laquelle vous pourrez créer vos propres inventions : remplacer le thé vert par de la mélisse, de la menthe ou du basilic ; troquer le saumon contre des restes de blanc de poulet émietté ou du thon au naturel ; échanger le poivron contre des feuilles de roquette ou des tomates cerises…

157

FÈVES À LA MAROCAINE

Pour 4 personnes
Préparation : 5 minutes
Cuisson : 35 minutes

Ingrédients :
1 kg de fèves pelées surgelées
1 c. à thé de cumin moulu
½ c. à thé de paprika moulu
3 gousses d'ail
2 c. à soupe d'huile d'olive
Sel et poivre

Épluchez les gousses d'ail et réduisez-les en purée avec un presse-ail.

Faites chauffer l'huile dans une cocotte. Jetez-y les fèves encore congelées et laissez cuire 5 minutes en remuant régulièrement.

Ajoutez la purée d'ail et les épices, salez, poivrez et mélangez. Ajoutez 1 verre d'eau, baissez le feu, couvrez et laissez mijoter 30 minutes. Laissez tiédir à température ambiante. Servez dans des ramequins individuels.

 UNE ASTUCE EN PLUS
À la belle saison, préparez votre plat avec des fèves fraîches. C'est plus goûteux mais plus long. Il faut d'abord écosser les fèves, puis débarrasser les plus grosses de la peau transparente qui les recouvre. En revanche, le temps de cuisson est un peu plus court (20 minutes).

RILLETTES DE THON AUX ALGUES

Pour 4 personnes
Préparation : 20 minutes
Repos : 15 minutes
Pas de cuisson

Ingrédients :
1 grosse boîte de thon nature
100 g de fromage de chèvre frais
1 c. à soupe d'algues déshydratées mélangées
½ citron
1 c. à soupe d'huile d'olive
10 brins de ciboulette
Poivre

Égouttez le thon. Pendant ce temps, pressez le citron. Dans le jus, versez l'huile d'olive et le mélange d'algues séchées. Remuez et laissez reposer 15 minutes.

Lorsque le thon est bien égoutté, versez-le dans une jatte. Ajoutez le fromage de chèvre frais et écrasez le tout à la fourchette.

Rincez les brins de ciboulette et ciselez-les finement. Ajoutez dans la préparation, ainsi que les algues marinées avec leur jus. Poivrez et mélangez à nouveau. Conservez au frais jusqu'au moment de servir.

 UNE ASTUCE EN PLUS
Vous pouvez déguster ces rillettes à l'apéritif, avec des fines tranches de pain complet grillées. Vous pouvez aussi préparer des bâtonnets de légumes (concombre, carotte, céleri, fenouil...) que les convives tremperont dans les rillettes.

159

TERRINE DE MAQUEREAU

Pour 4 personnes
Préparation : 5 minutes
Pas de cuisson

Ingrédients :
6 filets de maquereau fumés
75 g de fromage de chèvre frais
2 c. à soupe d'huile d'olive
½ citron
5 branches de persil
5 branches de basilic
1 échalote
Poivre du moulin

Pressez le citron et conservez le jus. Coupez les filets de maquereau en morceaux et mettez-les dans le bol de votre mixeur. Ajoutez l'huile et le fromage frais. Mixez grossièrement le tout pour obtenir une consistance grumeleuse.

Épluchez l'échalote et tranchez-la en fines lamelles. Prélevez les feuilles de persil et de basilic, rincez-les et ciselez-les.

Versez les rillettes dans un plat de présentation, ajoutez l'échalote et les aromates. Donnez un tour de moulin à poivre puis mélangez à la fourchette.

Conservez au frais jusqu'au moment de servir.

 UNE ASTUCE EN PLUS

Ces rillettes sont délicieuses tartinées sur des feuilles d'endives. Cette présentation permet de ne pas utiliser de pain. On peut ainsi intégrer au repas (ou à l'apéritif) un autre aliment ayant un IG moyen (des pâtes ou du riz, par exemple).

CARPACCIO DE COQUILLES SAINT-JACQUES

Pour 4 personnes
Préparation : 10 minutes
Pas de cuisson
Marinage : 1 heure

Ingrédients :
12 coquilles Saint-Jacques fraîches
1 citron
2 gousses de vanille
1 c. à soupe d'huile de sésame
Poivre du moulin

Faites nettoyer les coquilles Saint-Jacques par votre poissonnier.

Avec un couteau très aiguisé, découpez les noix en tranches fines dans le sens de l'épaisseur. Arrangez-les dans un grand plat. Pressez le citron et arrosez les tranches de noix de Saint-Jacques avec le jus. Recouvrez d'un film alimentaire et laissez macérer 1 heure au réfrigérateur.

Égouttez les tranches de Saint-Jacques et répartissez-les dans quatre assiettes individuelles. Arrosez-les d'un mince filet d'huile de sésame.

Incisez les gousses de vanille dans le sens de la longueur et grattez l'intérieur avec un couteau pour récupérer les fines graines noires. Saupoudrez-en quelques-unes sur les Saint-Jacques.

Donnez un tour de moulin à poivre et servez.

 UNE ASTUCE EN PLUS

Cette recette n'utilise pas le corail des Saint-Jacques. Ne le jetez pas pour autant. Conservez-le dans un petit sachet plastique au congélateur. Lorsque vous cuisinerez un poisson blanc, vous n'aurez qu'à les laisser décongeler et les mixer avec un yogourt entier et un jus de citron pour obtenir un délicieux assaisonnement.

RECETTES IG THYROÏDE
SAVEURS DE LA MER

COQUILLES SAINT-JACQUES AUX FILAMENTS DE SAFRAN

Pour 4 personnes
Préparation : 10 minutes
Cuisson : 6 minutes

Ingrédients :
2 douzaines de coquilles Saint-Jacques fraîches
1 c. à thé de filaments de safran
1 gousse d'ail
1 orange
1 petit pot de yogourt nature entier
1 c. à soupe d'huile d'olive
Sel et poivre

Demandez à votre poissonnier de préparer les coquilles Saint-Jacques en séparant les noix et le corail.

Mixez le corail avec le yogourt. Salez, poivrez et conservez au frais.

Épluchez la gousse d'ail et réduisez-la en purée avec un presse-ail. Pressez l'orange et conservez le jus.

Chauffez l'huile dans une grande poêle. Faites dorer les noix de Saint-Jacques 2 minutes de chaque côté. Sortez-les et disposez-les dans des assiettes individuelles.

Dans la même poêle, versez d'abord l'ail et remettez sur le feu. Laissez dorer 1 minute. Puis ajoutez les filaments de safran et le jus d'orange. Laissez chauffer 1 minute en remuant sans arrêt, puis arrosez les noix de Saint-Jacques avec ce jus parfumé.

Servez immédiatement, en décorant les assiettes avec un peu de sauce au corail.

 UNE ASTUCE EN PLUS

Attention : les coquilles Saint-Jacques cuisent très rapidement. Si vous prolongez la cuisson, la chair deviendra caoutchouteuse.

GRATIN DE COQUILLES SAINT-JACQUES AUX BLANCS DE POIREAUX

Pour 4 personnes
Préparation : 10 minutes
Cuisson : 10 minutes

Ingrédients :
2 douzaines de coquilles Saint-Jacques
2 blancs de poireaux
1 c. à soupe de tofu soyeux
1 échalote
1 c. à soupe d'huile d'olive
1 c. à soupe de chapelure
Sel et poivre

Demandez à votre poissonnier de préparer les coquilles Saint-Jacques en séparant les noix et le corail.

Disposez les noix de Saint-Jacques dans 4 ramequins individuels allant au four. Mixez le corail avec le tofu soyeux, poivrez et répartissez dans les ramequins.

Faites chauffer votre four à 350 °F.

Nettoyez les poireaux et tranchez-les en lamelles. Épluchez l'échalote et coupez-la en tranches fines.

Faites chauffer l'huile dans une poêle. Jetez-y les poireaux et l'échalote, salez, poivrez et laissez dorer 3 à 4 minutes en remuant afin que la préparation ne colle pas. Mélangez et versez dans les ramequins. Saupoudrez la surface de chapelure.

Enfournez et laissez cuire 6 minutes. Servez immédiatement.

 UNE ASTUCE EN PLUS
Vous pouvez préparer ce gratin avec des coquilles Saint-Jacques surgelées. Dans ce cas, prolongez la cuisson au four (12 à 15 minutes).

MOULES AU CURRY

Pour 4 personnes
Préparation : 20 minutes
Cuisson : 10 minutes

Ingrédients :
3 kg de moules (petites de préférence)
250 ml de lait d'amande non sucré
1 c. à thé de curry en poudre
Poivre

Lavez les moules et grattez-les soigneusement. Éliminez toutes celles qui sont ouvertes. Versez-les dans une grande marmite et mettez à chauffer à feu doux pendant 5 à 6 minutes, jusqu'à ce que les moules s'ouvrent et jettent leur jus.

Prélevez les moules avec une écumoire et réservez-les dans un saladier. Récupérez le jus au fond de la marmite et filtrez-le.

Dans le fond de la marmite, versez d'abord le lait d'amande et le curry. Faites chauffer 3 minutes en mélangeant soigneusement. Allongez avec un peu de jus de cuisson des moules pour obtenir une sauce onctueuse. Poivrez selon votre goût.

Versez les moules dans la marmite et faites chauffer le tout 1 minute en remuant pour qu'elles se nappent de sauce. Servez immédiatement.

 UNE ASTUCE EN PLUS

Vous avez du temps à consacrer à votre repas ? Optez pour cette présentation : ouvrez les moules une à une et éliminez une partie de la coquille. Arrangez-les côte à côte dans un plat allant au four. Arrosez-les avec la sauce au curry, saupoudrez avec un peu de chapelure mélangée à de la poudre d'amandes (moitié/moitié) et faites gratiner 5 minutes au four à 350 °F.

CREVETTES AUX PÊCHES

Pour 4 personnes
Préparation : 5 minutes
Cuisson : 6 à 8 minutes

Ingrédients :
1 kg de grosses crevettes surgelées
2 grosses pêches jaunes
2 gousses d'ail
2 c. à soupe d'huile d'olive
20 g de gingembre frais
5 branches de persil plat
Sel et poivre

Faites décongeler les crevettes enveloppées dans un torchon propre, au réfrigérateur, pendant 2 à 3 heures.

Épluchez les gousses d'ail et le gingembre, puis tranchez-les en fines lamelles. Prélevez les feuilles de persil et ciselez-les.

Pelez les pêches, dénoyautez-les et coupez-les en tranches d'environ 1 cm d'épaisseur.

Lorsque les crevettes sont décongelées, éliminez les têtes pour ne conserver que les queues.

Faites chauffer l'huile dans une grande poêle, puis mettez les queues de crevettes à cuire 1 à 2 minutes sur chaque face (en fonction de leur grosseur). Arrangez-les dans des assiettes individuelles.

Dans la même poêle, versez d'abord l'ail et le gingembre. Laissez dorer 1 minute en remuant, puis ajoutez les tranches de pêches. Salez, poivrez et laissez cuire 2 minutes sur chaque face. Répartissez les pêches dans les assiettes et arrosez-les avec leur jus de cuisson. Parsemez de persil ciselé et servez immédiatement.

 UNE ASTUCE EN PLUS

En hiver, vous pouvez préparer ce plat avec des moitiés de pêches en conserve. Dans ce cas, rincez-les soigneusement pour éliminer un maximum de sucre, puis laissez-les égoutter. Raccourcissez leur temps de cuisson (1 minute sur chaque face).

167

CALMARS À LA PROVENÇALE

Pour 4 personnes
Préparation : 10 minutes
Cuisson : 25 minutes

Ingrédients :
600 g de rondelles de
calmars surgelées
3 gousses d'ail
½ poivron vert
4 belles tomates
1 courgette
2 c. à soupe d'huile d'olive
1 branche de thym
Sel et poivre

Épluchez les gousses d'ail et tranchez-les finement. Rincez le poivron, épépinez-le et coupez-le en lamelles. Lavez la courgette, épluchez-la en laissant un lai de peau sur deux, puis coupez-la en dés. Pelez les tomates après les avoir plongées 1 minute dans l'eau bouillante, épépinez-les et coupez-les en cubes.

Dans une poêle, faites chauffer l'huile. Jetez-y d'abord l'ail et le poivron. Salez, poivrez et laissez dorer 2 minutes. Puis intégrez les dés de courgettes et poursuivez la cuisson 2 minutes. Enfin, ajoutez les dés de tomates et la branche de thym. Laissez cuire le tout 10 minutes, à découvert pour que le jus de cuisson s'évapore.

Intégrez les rondelles de calmars encore congelées, baissez le feu, couvrez et laissez cuire 10 minutes en remuant de temps en temps pour que la saveur soit bien homogène.

Éliminez la branche de thym et servez immédiatement.

 UNE ASTUCE EN PLUS

Pour renforcer encore la saveur provençale de ce plat, vous pouvez y ajouter en fin de cuisson quelques filets d'anchois au sel, soigneusement rincés. Dans ce cas, ne salez pas le plat. Quelques tours de moulin à poivre suffiront pour l'assaisonnement.

Accompagnez ce plat d'une timbale de riz brun.

SARDINES FARCIES AU FROMAGE FRAIS

Pour 4 personnes
Préparation : 20 minutes
Cuisson : 15 minutes

Ingrédients :
800 g de grosses sardines
de l'Atlantique
150 g de fromage de
chèvre frais
1 œuf
10 branches de basilic
frais
2 gousses d'ail
1 c. à soupe de chapelure
Sel et poivre

Demandez à votre poissonnier de prélever les filets des sardines.

Faites chauffer votre four à 350 °F.

Épluchez les gousses d'ail et réduisez-les en purée avec un presse-ail. Prélevez les feuilles du basilic, rincez-les et ciselez-les finement.

Dans une jatte, mélangez le fromage de chèvre frais, l'œuf, l'ail et le basilic. Salez très légèrement, poivrez abondamment et mélangez à la fourchette.

Tartinez chaque filet de sardine avec cette préparation, puis roulez-les et maintenez-les avec une pique en bois d'apéritif. Arrangez-les côte à côte dans un plat allant au four.

Saupoudrez avec un peu de chapelure et enfournez. Laissez cuire 10 minutes, puis passez le four en position gril et faites griller 5 minutes. Servez immédiatement.

 UNE ASTUCE EN PLUS

Vous êtes pressé ? Remplacez le fromage frais et l'ail par du fromage frais à l'ail et aux fines herbes. La saveur est moins fine, mais le plat est rapidement préparé. Vous pouvez aussi varier les herbes que vous intégrez dans le fromage frais, voire les mélanger : coriandre, persil, ciboulette…

MÉLI-MÉLO DE LA MER AU SAFRAN

Pour 4 personnes
Préparation : 10 minutes
Cuisson : 25 minutes

Ingrédients :
1 filet de saumon
1 filet de colin
8 queues de crevettes décortiquées surgelées
8 noix de Saint-Jacques surgelées
2 gousses d'ail
2 doses de safran en poudre
1 citron
2 c. à soupe d'huile d'olive
Sel et poivre

Découpez le saumon et le colin en cubes d'environ 2 cm de côté. Épluchez l'ail et tranchez-le en lamelles. Pressez le citron.

Faites chauffer l'huile dans une poêle. Jetez-y l'ail, laissez dorer 2 minutes, puis ajoutez les cubes de poisson. Salez, poivrez, incorporez le safran et le jus de citron. Mélangez bien.

Déposez par-dessus les crevettes et les noix de Saint-Jacques encore congelées, couvrez et laissez cuire 20 minutes à petit feu.

Enlevez le couvercle, montez un peu le feu, mélangez et poursuivez la cuisson 3 minutes. Servez immédiatement.

 UNE ASTUCE EN PLUS

Vous pouvez varier les poissons en fonction de vos goûts et des arrivages. Vous pouvez aussi intégrer d'autres coquillages et des rondelles de calmar.

Accompagnez ce plat d'une timbale de riz brun.

MAQUEREAUX AUX HERBES

Pour 4 personnes
Préparation : 10 minutes
Cuisson : 10 minutes
Marinage : 30 minutes

Ingrédients :
4 maquereaux
5 branches de persil plat
5 branches de basilic
10 brins de ciboulette
1 citron
2 c. à soupe d'huile d'olive
Sel et poivre

Demandez à votre poissonnier de préparer les maquereaux en filets.

Faites cuire ces filets 10 minutes à la vapeur.

Pendant ce temps, pressez le citron. Rincez la ciboulette et ciselez-la. Prélevez les feuilles du persil et du basilic, rincez-les et ciselez-les.

Mélangez les herbes, le jus de citron et l'huile. Salez, poivrez et battez à la fourchette pour bien mêler tous les ingrédients.

Dès que les filets de maquereau sont tendres, arrangez-les dans un plat creux et arrosez-les, encore chauds, avec la sauce. Laissez tiédir à température ambiante (au moins ½ heure) avant de servir.

 UNE ASTUCE EN PLUS
Vous pouvez servir ce plat en entrée. Comptez alors 1 filet par personne et accompagnez d'une salade de jeunes épinards crus. Si c'est votre plat principal, présentez-le avec une timbale de couscous complet à l'huile d'olive.

PAPILLOTES DE SAUMON À LA BADIANE

Pour 4 personnes
Préparation : 5 minutes
Cuisson : 15 minutes

Ingrédients :
4 filets de saumon frais
4 étoiles de badiane
20 g de gingembre frais
Sel et poivre

Faites chauffer votre four à 325 °F.

Épluchez le gingembre et râpez-le.

Découpez 4 grands morceaux de papier sulfurisé. Au centre de chacun, déposez un filet de saumon. Parsemez de gingembre râpé, salez et poivrez.

Déposez sur chaque filet une étoile de badiane, refermez les papillotes et enfournez. Laissez cuire 15 minutes. Servez immédiatement.

 UNE ASTUCE EN PLUS

Vous pouvez aussi préparer ce plat avec un grand filet de saumon entier, que vous découperez après la cuisson. Dans ce cas, allongez la cuisson de 5 minutes. Le poisson doit être légèrement rosé à cœur pour conserver son moelleux.

PAPILLOTES DE SAUMON AUX ÉPINARDS ET AUX ALGUES

Pour 4 personnes
Préparation : 10 minutes
Cuisson : 25 minutes

Ingrédients :
4 filets de saumon
300 g d'épinards frais
2 c. à soupe d'algues mélangées déshydratées
1 citron
1 c. à soupe d'huile de colza
Sel et poivre

Pressez le citron et faites tremper les algues dans son jus pendant 5 minutes. Rincez les épinards.

Faites chauffer votre four à 325 °F.

Chauffez l'huile dans une casserole, puis jetez-y les épinards. Salez, poivrez et laissez cuire à petit feu pendant 10 minutes.

Ajoutez les algues avec leur jus, mélangez bien et retirez du feu.

Découpez quatre grands morceaux de papier de cuisson sulfurisé. Au centre de chacun, déposez un filet de saumon. Par-dessus, répartissez le mélange d'épinards et d'algues.

Refermez les papillotes et enfournez. Laissez cuire 15 minutes. Servez immédiatement.

 UNE ASTUCE EN PLUS
Si vous préférez utiliser des algues conservées dans le sel, prenez bien soin de les rincer longuement et n'ajoutez pas de sel dans les épinards.

SAUMON EN CROÛTE D'ALGUES

Pour 4 personnes
Préparation : 5 minutes
Cuisson : 45 minutes

Ingrédients :
1 saumon entier d'environ
1,5 kg
1 kg de gros sel aux
algues
3 c. à soupe de farine
2 feuilles de nori à makis
2 c. à soupe d'algues
mélangées déshydratées
Poivre

Faites chauffer votre four à 400 °F.

Étalez une couche de gros sel aux algues dans le fond d'un plat allant au four. Déposez le saumon dessus.

Dans un bol, mélangez le reste du gros sel, le mélange d'algues déshydratées et la farine. Ajoutez 2 ou 3 c. à soupe d'eau et travaillez cette pâte à la main. Elle doit rester assez sèche et grumeleuse.

Coupez des lanières dans les feuilles de nori, et étalez-les sur le saumon. Puis recouvrez avec la pâte à base de farine et de sel. Celle-ci doit complètement envelopper le poisson de manière à ce qu'il cuise dans cette coque.

Enfournez et laissez cuire 45 minutes. Servez le saumon dans sa croûte de sel, que vous briserez sur la table avant de prélever les filets.

 UNE ASTUCE EN PLUS

La température de cuisson est plus basse à l'intérieur de la croûte de sel que dans le reste du four. C'est pourquoi il faut régler le thermostat sur 400 °F si l'on veut que le poisson cuise à environ 350 °F.

DOS DE CABILLAUD RÔTI

Pour 4 personnes
Préparation : 5 minutes
Cuisson : 15 minutes

Ingrédients :
4 dos de cabillaud
1 c. à soupe de sirop
d'agave
1 c. à soupe de vinaigre
balsamique
1 gousse d'ail
10 g de gingembre frais
5 branches de coriandre
2 c. à soupe d'huile
d'olive
Sel et poivre

Épluchez l'ail et le gingembre et tranchez-les en fines lamelles. Prélevez les feuilles de la coriandre, rincez-les et ciselez-les.

Faites chauffer l'huile dans une poêle. Lorsqu'elle est chaude, déposez-y les dos de cabillaud côté peau. Laissez cuire 10 minutes, puis retournez-les et laissez dorer 3 minutes côté chair.

Retirez-les de la poêle et placez-les dans des assiettes individuelles. Remettez la poêle sur le feu et jetez-y le gingembre et l'ail. Laissez dorer 1 minute, puis ajoutez le vinaigre et le sirop d'agave. Salez, poivrez et faites chauffer 1 minute en remuant sans arrêt.

Versez cette sauce sur les dos de cabillaud, parsemez de coriandre hachée et servez immédiatement.

 UNE ASTUCE EN PLUS
Vous pouvez accompagner ce cabillaud d'une timbale de quinoa à l'huile d'olive. Si vous utilisez des dos de cabillaud surgelés, faites-les d'abord décongeler au réfrigérateur, enroulés dans un torchon propre, pendant 2 heures.

FILETS DE FLÉTAN AUX ZESTES DE CITRON

Pour 4 personnes
Préparation : 15 minutes
Cuisson : 25 minutes

Ingrédients :
4 filets de flétan
1 citron non traité
2 c. à soupe d'huile d'olive
1 c. à soupe de crème
d'amande bio non sucrée
Sel et poivre

Rincez le citron et prélevez le zeste, au plus près possible de la surface. Découpez-le en bâtonnets très fins. Puis pressez le citron et récupérez le jus.

Mettez le zeste découpé dans une casserole, avec la crème d'amande et le jus de citron. Salez, poivrez, couvrez et laissez cuire à très petit feu pendant 15 minutes.

Faites chauffer l'huile dans une poêle. Mettez-y les filets de flétan à cuire 5 minutes de chaque côté. Arrangez-les dans des assiettes individuelles et arrosez-les avec la sauce au citron. Dégustez immédiatement.

 UNE ASTUCE EN PLUS

Si vous le pouvez, préparez la sauce au citron à l'avance et laissez-la mijoter un peu plus longtemps. Si elle devient trop épaisse, allongez-la avec un peu d'eau. Plus les zestes sont tendres, plus la saveur du plat est agréable.

FILETS DE DAURADE À LA VERVEINE

Pour 4 personnes
Préparation : 10 minutes
Cuisson : 25 minutes

Ingrédients :
4 filets de daurade
1 petit bouquet de verveine citronnée
2 oignons verts
1 courgette
1 citron
2 c. à soupe d'huile d'olive
Sel et poivre

Nettoyez les oignons frais et coupez-les en tronçons de 4 à 5 cm, puis incisez-les dans le sens de la longueur pour obtenir des filaments. Rincez la courgette, épluchez-la en laissant un lai de peau sur deux, puis coupez-la en fins bâtonnets d'environ 5 cm de longueur.

Pressez le citron et conservez le jus.

Dans une poêle, faites chauffer la moitié de l'huile d'olive. Versez-y les oignons et les courgettes, salez, poivrez et laissez dorer 2 minutes en remuant. Puis ajoutez le jus de citron et le bouquet de verveine ficelé. Couvrez et laissez mijoter 15 minutes.

Pendant ce temps, faites chauffer le reste de l'huile dans une autre poêle et déposez-y les filets de daurade côté peau. Laissez dorer 6 minutes, puis retournez-les et faites-les cuire encore 3 minutes côté chair.

Déposez les filets de daurade dans quatre assiettes individuelles. Ôtez le bouquet de verveine et répartissez la compotée de légumes sur le poisson. Servez immédiatement.

 UNE ASTUCE EN PLUS

La saveur de la verveine est très fine et délicate. N'hésitez pas à en mettre un gros bouquet dans la poêle pour que le goût soit vraiment au rendez-vous, d'autant qu'il se marie très bien avec celui du poisson.

RECETTES IG THYROÏDE

VIANDES ET VOLAILLES

LAPIN AUX ANCHOIS

Pour 4 personnes
Préparation : 10 minutes
Cuisson : 50 minutes

Ingrédients :
1 lapin d'environ 1,5 kg découpé en morceaux
12 filets d'anchois à l'huile d'olive
2 grosses tomates (ou 3 plus petites)
2 gousses d'ail
1 branche de thym
1 branche de romarin
2 c. à soupe d'huile d'olive
Poivre

Égouttez les filets d'anchois et coupez-les en morceaux. Épluchez les gousses d'ail et réduisez-les en purée avec un presse-ail.

Plongez les tomates 1 minute dans l'eau bouillante, puis épluchez-les, épépinez-les et coupez-les en cubes.

Faites chauffer l'huile dans une cocotte. Plongez-y les morceaux de lapin et laissez-les dorer 2 minutes de chaque côté. Retirez-les et réservez.

Dans le même fond de cuisson, mettez la purée d'ail et les morceaux d'anchois. Laissez cuire 2 minutes en remuant sans arrêt avec une cuillère en bois. Les anchois doivent se défaire en purée. Ajoutez les cubes de tomate et les aromates. Poivrez et laissez mijoter 5 minutes.

Intégrez les morceaux de lapin, mélangez pour bien répartir la sauce, couvrez et laissez cuire à petit feu pendant 40 minutes. Servez chaud.

 UNE ASTUCE EN PLUS

Si vous appréciez particulièrement les râbles ou les cuisses de lapin, vous pouvez préparer ce plat uniquement avec les uns ou les autres. En hiver, lorsque les tomates sont insipides, utilisez de la tomate pelée en conserve ou des cubes de tomates surgelés.

LAPIN RÔTI À L'ÉMINCÉE DE LÉGUMES

Pour 4 personnes
Préparation : 15 minutes
Cuisson : 50 minutes

Ingrédients :
1 lapin d'environ 1,5 kg
coupé en morceaux
1 poireau
2 oignons jaunes
2 carottes
1 fenouil
2 branches de céleri
1 branche de thym
2 feuilles de laurier
2 c. à soupe d'huile d'olive
Sel et poivre

Nettoyez le poireau, éliminez la partie verte des feuilles puis coupez-le en trois tronçons. Tranchez ces tronçons en quatre dans le sens de la longueur.

Épluchez les oignons tranchez-les en lamelles. Épluchez les branches de céleri et les carottes, puis coupez-les en bâtonnets. Enfin, rincez le fenouil, éliminez les feuilles extérieures trop fermes et coupez-le en fines tranches.

Faites chauffer l'huile dans une cocotte. Mettez les morceaux de lapin à dorer pendant 5 minutes, en les retournant à plusieurs reprises. Retirez-les de la cocotte et réservez.

À la place du lapin, versez ensemble tous les légumes. Salez, poivrez, ajoutez les aromates, couvrez et laissez cuire à petit feu pendant 15 minutes.

Réintégrez les morceaux de lapin, mélangez, couvrez et laissez mijoter 30 minutes. Servez chaud.

 UNE ASTUCE EN PLUS
À la place des aromates, essayez d'ajouter aux légumes ½ c. à soupe de curry en poudre. C'est un peu plus relevé, mais tout aussi délicieux.

RÂBLES DE LAPIN AUX TROIS POIVRONS

Pour 4 personnes
Préparation : 10 minutes
Cuisson : 2 heures

Ingrédients :
8 râbles de lapin
1 poivron vert
1 poivron jaune
1 poivron rouge
2 gousses d'ail
1 filet d'huile d'olive
Sel et poivre

Faites chauffer votre four à 300 °F.

Rincez les poivrons, épépinez-les et tranchez-les en lamelles. Épluchez les gousses d'ail et coupez-les en tranches très fines.

Dans un plat en terre muni d'un couvercle et allant au four (genre Romertopf), mettez d'abord les râbles de lapin. Salez et poivrez. Recouvrez avec les poivrons et répartissez les tranches d'ail. Arrosez avec un filet d'huile d'olive.

Couvrez et enfournez. Laissez cuire pendant au moins 2 heures. Servez chaud.

 UNE ASTUCE EN PLUS

Cette cuisson lente, à basse température, permet d'obtenir une viande tendre et gorgée de saveurs. S'il vous reste du lapin pour le lendemain, refaites-le chauffer de la même manière : dans le plat en terre, à couvert et à four tiède. Quinze minutes suffiront pour obtenir une bonne température de consommation, sans dessécher le lapin pour autant.

COCOTTE DE POULET À L'AIL

Pour 4 personnes
Préparation : 10 minutes
Cuisson : 2 heures

Ingrédients :
1 poulet d'environ 1,5 kg découpé en morceaux
2 citrons confits au sel
20 gousses d'ail
Sel et poivre

Faites chauffer votre four à 300 °F.

Enlevez la peau du poulet et arrangez les morceaux dans une cocotte en terre munie d'un couvercle et allant au four.

Découpez les citrons confits en quartiers et répartissez-les dans la cocotte. Rincez les gousses d'ail et disséminez-les dans le plat sans les éplucher. Salez et poivrez.

Couvrez et enfournez. Laissez cuire au moins 2 heures. Servez chaud.

 UNE ASTUCE EN PLUS
Pour que votre poulet ne soit pas trop gras, pensez à enlever les amas blancs qui entourent généralement l'orifice par lequel il a été vidé. Coupez également le cou (si ce n'est déjà fait).

MAGRET DE CANARD AUX ÉPICES

Pour 4 personnes
Préparation : 10 minutes
Cuisson : 15 minutes

Ingrédients :
2 magrets de canard
1 c. à thé rase de gingembre moulu
1 c. à thé rase de cumin moulu
1 c. à thé rase de paprika moulu
1 c. à soupe de sauce soya
Poivre

Versez les épices dans un petit bol et ajoutez 1 c. à soupe d'eau tiède. Mélangez pour former une pâte. Au besoin, allongez avec un peu d'eau tiède.

Badigeonnez les magrets, côté chair, avec cette pâte d'épices.

Faites chauffer une grande poêle, puis mettez-y les magrets à dorer côté peau. Laissez-les cuire 10 minutes, en vidant régulièrement la graisse fondue qui s'en échappe. Puis retournez-les et faites-les cuire 5 minutes côté chair.

Sortez-les et découpez-les en tranches sur une planche. Arrangez sur quatre assiettes individuelles.

Versez la sauce soya au fond de la poêle et remettez sur le feu pendant 30 secondes, en remuant avec une cuillère en bois pour récupérer un maximum d'épices. Versez cette sauce sur les magrets et servez immédiatement.

 UNE ASTUCE EN PLUS
Laissez aller votre inspiration avec les épices. Pensez aussi au curry en poudre, aux quatre épices, au colombo... Le magret de canard est très accueillant côté saveurs !

CAILLES RÔTIES AUX AGRUMES

Pour 4 personnes
Préparation : 10 minutes
Cuisson : 25 minutes

Ingrédients :
4 cailles
1 orange
½ citron jaune
½ citron vert
1 c. à soupe d'huile d'olive
Sel et poivre

Pressez l'orange et les citrons et mélangez leurs jus.

Faites chauffer l'huile dans une cocotte et mettez les cailles à dorer en les retournant jusqu'à ce que toutes leurs faces soient colorées.

Salez, poivrez, ajoutez le jus des agrumes, couvrez et laissez mijoter 20 minutes. Servez chaud.

 UNE ASTUCE EN PLUS

Une version plus sophistiquée : lorsque les cailles sont cuites, sortez-les et arrangez-les dans un plat creux. Versez 1 c. à soupe de crème d'amande bio non sucrée dans la cocotte et faites chauffer en remuant avec une cuillère en bois pour obtenir une sauce plus onctueuse. Arrosez les cailles et servez immédiatement avec une timbale de quinoa à l'huile d'olive.

RECETTES IG THYROÏDE
VARIATIONS DE LÉGUMES

GRATIN D'ASPERGES

Pour 4 personnes
Préparation : 15 minutes
Cuisson : 45 minutes

Ingrédients :
1 kg d'asperges blanches
4 œufs
2 c. à soupe de tofu soyeux
3 c. à soupe de parmesan râpé
1 pincée de muscade
Sel et poivre

Faites chauffer votre four à 350 °F.

Épluchez les asperges, puis faites-les cuire à la vapeur pendant 15 minutes.

Découpez 8 pointes et réservez-les.

Coupez le reste des asperges en morceaux et mettez-les dans le bol de votre mixeur. Ajoutez les œufs, le tofu soyeux, le parmesan et la noix de muscade. Salez, poivrez et mixez pour obtenir une préparation homogène.

Versez cet appareil dans un plat en terre allant au four, que vous déposerez dans la lèchefrite. Versez de l'eau dans le fond de la lèchefrite et enfournez. Laissez cuire 30 minutes. Au moment de servir, décorez la surface du gratin avec les pointes d'asperges disposées en étoile.

 UNE ASTUCE EN PLUS

Ne mettez pas trop d'eau au fond de la lèchefrite, afin que les projections n'atteignent pas le gratin en cours de cuisson. Ne dépassez pas le milieu du plat à gratin.

De nombreuses herbes peuvent égayer ce plat. À la place du parmesan, mettez par exemple un mélange de persil, cerfeuil et ciboulette ciselés.

ÉPINARDS À LA CRÈME D'AMANDE

Pour 4 personnes
Préparation : 5 minutes
Cuisson : 35 minutes

Ingrédients :
1 kg d'épinards en branches surgelés
3 c. à soupe de crème d'amande bio non sucrée
1 pincée de muscade
Sel et poivre

Mettez les épinards dans une grande casserole et faites-les décongeler à petit feu pendant une dizaine de minutes.

Puis égouttez-les pour éliminer l'excédent d'eau et remettez-les dans la casserole. Salez, poivrez et ajoutez la noix de muscade. Couvrez à nouveau et laissez cuire à petit feu pendant 20 minutes.

Ajoutez la crème d'amande, montez un peu la puissance du feu et laissez cuire 5 minutes en surveillant pour que le fond ne colle pas. Servez chaud.

 UNE ASTUCE EN PLUS

Si vous préférez préparer des épinards frais, rincez-les d'abord soigneusement et éliminez les tiges trop fermes. Puis faites-les fondre très lentement, à couvert, avec 1 c. à soupe d'huile de colza avant d'ajouter la crème d'amande.

HARICOTS BLANCS À LA CORIANDRE

Pour 4 personnes
Préparation : 20 minutes
Cuisson : 50 minutes

Ingrédients :
1 kg de haricots blancs frais
3 ou 4 tomates (selon leur grosseur)
1 oignon jaune
2 gousses d'ail
10 branches de coriandre
1 c. à soupe d'huile d'olive
Sel et poivre

Écossez les haricots, mettez-les dans une marmite et recouvrez-les d'eau froide (non salée). Faites-les cuire 15 minutes.

Pendant ce temps, épluchez l'oignon et l'ail et tranchez-les en fines lamelles. Pelez les tomates après les avoir plongées 1 minute dans l'eau bouillante. Ouvrez-les en deux, épépinez-les et coupez-les en petits cubes.

Faites chauffer l'huile dans une cocotte, jetez-y l'ail et l'oignon et laissez dorer 2 minutes. Puis ajoutez les cubes de tomates, salez, poivrez, couvrez et laissez mijoter 20 minutes.

Égouttez les haricots blancs et ajoutez-les dans la cocotte. Couvrez et laissez mijoter encore 10 minutes.

Au dernier moment, prélevez les feuilles de coriandre, ciselez-les et parsemez-les sur le plat. Servez immédiatement.

 UNE ASTUCE EN PLUS

Pour un plat plus corsé en coriandre, mettez ½ c. à thé de graines de coriandre séchées dans un sachet-infuseur en papier (comme ceux qu'on utilise pour le thé), et plongez-le dans les haricots pendant qu'ils cuisent dans l'eau. Puis jetez le sachet lorsque vous égouttez les haricots.

Si vous êtes pressé, vous pouvez aussi préparer ce plat avec une boîte de haricots blancs au naturel. Vous perdrez un peu en finesse, mais vous économiserez du temps sur la préparation et sur la cuisson.

FENOUILS BRAISÉS AU PAPRIKA

Pour 4 personnes
Préparation : 5 minutes
Cuisson : 30 minutes

Ingrédients :
4 beaux bulbes de fenouil
1 oignon blanc
1 c. à soupe d'huile d'olive
1 c. à soupe rase de
paprika doux
Sel et poivre

Rincez les fenouils, éliminez les feuilles extérieures si elles sont trop épaisses, puis coupez-les en quatre. Épluchez l'oignon et tranchez-le en quartiers.

Faites chauffer l'huile dans une cocotte. Arrangez au fond les quarts de fenouils et les quartiers d'oignons. Salez et poivrez.

Délayez le paprika dans 3 c. à soupe d'eau tiède, puis versez le tout dans la cocotte. Couvrez et laissez cuire à petit feu pendant 30 minutes. Servez immédiatement.

 UNE ASTUCE EN PLUS

Vous pouvez aussi faire cuire ce plat au four. Dans ce cas, délayez le paprika dans 4 ou 5 c. à soupe d'eau. À mi-cuisson, recouvrez le plat d'un morceau de papier sulfurisé si les fenouils commencent à sécher.

191

PURÉE DE COURGETTES AUX HERBES

Pour 4 personnes
Préparation : 10 minutes
Cuisson : 10 minutes

Ingrédients :
1 kg de courgettes
2 gousses d'ail
1 gros bouquet d'herbes
variées (persil, basilic,
menthe, ciboulette)
2 c. à soupe d'huile d'olive
Sel et poivre

Rincez les courgettes. Épluchez-les en laissant un lai de peau sur deux, puis coupez-les en rondelles.

Faites-les cuire à la vapeur pendant 10 minutes.

Pendant ce temps, rincez les herbes et ciselez-les finement. Conservez-en 2 c. à soupe pour la décoration. Épluchez l'ail et réduisez-le en purée avec un presse-ail. Mélangez avec les herbes.

Versez les courgettes cuites dans le bol de votre mixeur. Ajoutez les herbes aillées. Salez, poivrez et mixez pour obtenir une purée bien lisse.

Au moment de servir, parsemez la purée avec le reste des herbes et arrosez-la d'un filet d'huile d'olive.

 UNE ASTUCE EN PLUS
Pour renforcer encore la saveur de cette purée, mettez 3 gouttes d'huile essentielle de basilic dans le compartiment du bas de votre cuit-vapeur. Les vapeurs dégagées par la chaleur imprégneront les courgettes pendant qu'elles cuisent.

TOMATES GRATINÉES

Pour 4 personnes
Préparation : 10 minutes
Cuisson : 1 heure

Ingrédients :
1,5 kg de tomates rondes
10 branches de persil plat
2 gousses d'ail
3 c. à soupe de poudre d'amande
2 c. à soupe de chapelure
1 c. à soupe d'huile d'olive
Sel et poivre

Faites chauffer votre four à 325 °F.

Rincez les tomates. Coupez leur partie supérieure et épépinez-les. Arrangez-les dans un plat allant au four.

Prélevez les feuilles du persil, rincez-les et ciselez-les. Épluchez les gousses d'ail et réduisez-les en purée avec un presse-ail. Versez le tout dans un bol. Ajoutez la poudre d'amande et la chapelure. Salez, poivrez et mélangez bien.

Déposez une cuillerée de cette préparation sur chaque tomate. Arrosez d'un filet d'huile d'olive. Enfournez et laissez cuire 30 minutes.

Sortez le plat du four et videz l'eau qui s'est échappée des tomates. Enfournez à nouveau et laissez cuire encore 20 minutes.

Mettez le four en position gril et faites dorer la surface des tomates pendant 10 minutes. Servez chaud ou froid.

 UNE ASTUCE EN PLUS
La durée de cuisson doit être adaptée en fonction de la qualité des tomates. Celles d'hiver, très gorgées d'eau, doivent cuire plus longtemps. Celles d'été, plus charnues, peuvent se contenter de 40 à 45 minutes.

PURÉE DE CÉLERI-RAVE À LA BADIANE

Pour 4 personnes
Préparation : 10 minutes
Cuisson : 20 minutes

Ingrédients :
1 céleri-rave
4 étoiles de badiane
2 c. à soupe d'huile de noisette
1 pincée de piment de Cayenne
Sel et poivre

Épluchez le céleri-rave et coupez-le en morceaux.

Faites chauffer de l'eau salée dans une grande casserole, ajoutez les étoiles de badiane et les morceaux de céleri-rave, et laissez cuire 20 minutes.

Égouttez le céleri, prélevez les étoiles de badiane et réservez-les.

Mettez le céleri dans le bol de votre mixeur avec l'huile de noisette, le piment de Cayenne et le poivre. Mixez jusqu'à obtenir une purée bien lisse. Ajoutez éventuellement un peu de sel.

Répartissez la purée dans des coupelles individuelles, que vous décorerez chacune avec une étoile de badiane. Servez immédiatement.

 UNE ASTUCE EN PLUS

Le céleri-rave est très ferme, au point qu'il est parfois difficile de le couper en morceaux suffisamment petits pour qu'il cuise rapidement. Si c'est votre cas, prolongez un peu la cuisson. L'essentiel est qu'il soit très tendre quand vous le mixez. Pour vous en assurer, plongez dans la chair une pointe de couteau.

CHAMPIGNONS FARCIS AU QUINOA

Pour 4 personnes
Préparation : 20 minutes
Cuisson : 35 minutes

Ingrédients :
8 gros champignons de Paris
½ tasse de quinoa
200 g de fromage de chèvre frais
1 oignon jaune
2 gousses d'ail
5 branches de basilic
1 c. à soupe d'huile d'olive
Sel et poivre

Préchauffez votre four à 350 °F.

Chauffez de l'eau salée dans une grande casserole et faites-y cuire le quinoa pendant 15 minutes. Égouttez.

Épluchez l'oignon et coupez-le en fines lamelles. Épluchez l'ail et réduisez-le en purée avec un presse-ail. Prélevez les feuilles du basilic et ciselez-les.

Faites chauffer l'huile dans une poêle. Jetez-y d'abord l'ail et l'oignon, laissez dorer 2 minutes en remuant, puis ajoutez le quinoa. Salez légèrement, poivrez abondamment et laissez cuire encore 3 minutes en remuant.

Hors du feu, ajoutez le fromage frais et le basilic, puis mélangez à la fourchette.

Rincez les champignons, éliminez les pieds et déposez les chapeaux, face inférieure vers le haut, dans un plat allant au four. Remplissez-les avec la farce et enfournez. Laissez cuire 15 minutes. Servez immédiatement.

 UNE ASTUCE EN PLUS

Sur cette base, vous pouvez broder au fil de vos envies : ajouter dans la farce des miettes de thon ou de poulet, des lamelles de poivron ou de tomates séchées, des fines tranches de céleri ou d'oignon frais... les champignons et le quinoa sont très faciles à marier.

CŒURS DE LAITUE BRAISÉS AUX PETITS POIS

Pour 4 personnes
Préparation : 5 minutes
Cuisson : 35 minutes

Ingrédients :
8 petits cœurs de laitue
bien fermes
3 oignons verts
1 petite boîte de petits pois
nature
1 pincée de muscade
1 c. à soupe d'huile de colza
Sel et poivre

Nettoyez les oignons, puis coupez-les en deux. Rincez les cœurs de laitue.

Faites chauffer l'huile dans une cocotte. Déposez-y les oignons frais et les cœurs de laitue. Laissez dorer 2 minutes de chaque côté. Puis salez, poivrez, ajoutez la noix de muscade, baissez le feu, couvrez et laissez mijoter 20 minutes.

Ajoutez les petits pois avec une partie de leur jus (juste assez pour mouiller le fond de la cocotte). Couvrez et laissez cuire encore 10 minutes. Servez chaud.

 UNE ASTUCE EN PLUS

Si vous utilisez des petits pois frais ou surgelés, faites-les d'abord précuire à la vapeur pendant 15 minutes avant de les intégrer dans les cœurs de laitue. Mouillez alors le fond de la cocotte avec un peu d'eau tiède ou, mieux, de bouillon. Les cœurs de sucrine sont parfaits pour préparer ce plat.

RECETTES IG THYROÏDE
PÂTES, RIZ ET QUINOA

PÂTES AUX CREVETTES

Pour 4 personnes
Préparation : 5 minutes
Cuisson : 15 minutes

Ingrédients :
400 g de pâtes complètes
400 g de queues de
crevettes décortiquées
surgelées crues
2 gousses d'ail
10 branches de persil
1 pincée de piment de
Cayenne
2 c. à soupe d'huile d'olive
Sel et poivre.

Faites décongeler les queues de cre-vettes dans un torchon propre, au réfrigérateur, au moins 2 heures avant de préparer votre plat.

Chauffez de l'eau salée dans une grande marmite et mettez les pâtes à cuire selon les indications du fabricant (cuisez-les *al dente*).

Épluchez les gousses d'ail et réduisez-les en purée avec un presse-ail. Prélevez les feuilles du persil, rincez-les et ciselez-les.

Faites chauffer l'huile dans une grande poêle. Déposez les queues de crevettes côte à côte. Faites-les cuire 2 minutes de chaque côté

Retirez les crevettes de la poêle et versez à leur place la purée d'ail et le persil. Salez, poivrez et ajoutez le piment de Cayenne. Au besoin, rajoutez un filet d'huile d'olive.

Égouttez les pâtes et passez-les brièvement dans la poêle avant de les verser dans un plat de présentation. Déposez les queues de crevettes sur les pâtes et servez immédiatement.

 UNE ASTUCE EN PLUS

Si vous avez sous la main du corail de Saint-Jacques que vous n'avez pas utilisé pour une autre recette (voir Carpaccio de coquilles Saint-Jacques, p. 162), vous pouvez l'intégrer à ces pâtes. Mixez-le avec 1 c. à soupe d'huile d'olive, l'ail et le persil, et versez directement dans les pâtes égout-tées avant de déposer les crevettes par-dessus.

PÂTES AU BASILIC ET À LA MOZZARELLA

Pour 4 personnes
Préparation : 20 minutes
Cuisson : 10 minutes

Ingrédients :
400 g de pâtes complètes
1 gros bouquet de basilic
3 gousses d'ail
2 c. à soupe d'huile d'olive
150 g de mozzarella
Sel et poivre

Commencez par préparer votre basilic : prélevez les feuilles, rincez-les et ciselez-les finement. Versez-les dans un bol avec l'huile d'olive.

Épluchez les gousses d'ail, réduisez-les en purée avec un presse-ail et mélangez avec le basilic à l'huile. Salez légèrement et poivrez généreusement.

Découpez la mozzarella en petits cubes (1 cm de côté) et ajoutez-les à la préparation. Mélangez bien, recouvrez d'un film alimentaire et conservez au réfrigérateur.

Au moment du repas, faites chauffer une grande quantité d'eau salée dans une marmite et plongez-y les pâtes. Laissez cuire une dizaine de minutes (elles doivent être *al dente*). Égouttez-les, versez-les dans un plat de service et ajoutez la préparation au basilic. Mélangez et servez immédiatement.

 UNE ASTUCE EN PLUS

Vous êtes puriste ? Alors préparez le basilic à l'ancienne. Mettez les feuilles entières dans le fond d'un mortier avec deux pincées de sel, puis écrasez le tout avec un pilon. Le sel fait ressortir le suc de la plante. Ensuite, ajoutez la purée d'ail et l'huile d'olive.

Dans tous ces pas, ce « pistou » se conserve plusieurs jours au réfrigérateur. Vous pouvez donc le préparer à l'avance.

COUSCOUS AUX PETITS POIS ET AUX FÈVES

Pour 4 personnes
Préparation : 5 minutes
Cuisson : 25 minutes

Ingrédients :
1⅔ tasse de couscous
250 g de fèves surgelées
250 g de petits pois
surgelés
1 c. à thé de cumin moulu
3 c. à soupe d'huile d'olive
Sel et poivre

Mettez les petits pois et des fèves à cuire à la vapeur, sans les décongeler, pendant 15 minutes.

Pendant ce temps, versez le couscous dans un plat creux. Poivrez et versez le cumin. Mélangez soigneusement à la main. Puis ajoutez l'huile d'olive et remuez à la fourchette.

Faites chauffer de l'eau salée. Dès qu'elle bout, versez-la lentement sur le couscous. Arrêtez dès que l'eau affleure à la surface du couscous (elle doit juste recouvrir la graine). Laissez gonfler 10 minutes en remuant de temps en temps à la fourchette pour éviter la formation de paquets.

Lorsque les petits pois et les fèves sont cuits, ajoutez-les et servez immédiatement.

 UNE ASTUCE EN PLUS

Si vous désirez obtenir le couscous digne d'un restaurant spécialisé, il vous faut observer une dernière étape avant d'ajouter les fèves et les petits pois : versez le couscous gonflé d'eau dans un grand plat, mouillez vos paumes avec un peu d'huile d'olive, puis roulez le couscous entre vos mains jusqu'à ce qu'il devienne aussi fluide que du sable. C'est un peu long et chaud, mais le résultat mérite bien l'effort.

GÂTEAU DE RIZ AUX ÉPINARDS

Pour 4 personnes
Préparation : 5 minutes
Cuisson : 35 minutes

Ingrédients :
1 tasse de riz brun
300 g d'épinards frais
2 gousses d'ail
2 c. à soupe d'huile d'olive
1 pincée de muscade
200 g de tofu crémeux
3 œufs
Sel et poivre

Rincez les épinards. Épluchez les gousses d'ail et réduisez-les en purée avec un presse-ail.

Faites chauffer l'huile dans une grande poêle. Versez-y d'abord l'ail, puis le riz. Salez, poivrez et mélangez. Laissez cuire en surveillant pendant 3 minutes. Puis ajoutez les feuilles d'épinards. Laissez cuire encore 2 minutes en remuant, puis ajoutez 2 tasses de riz brun. Couvrez et laissez cuire 10 minutes.

Pendant ce temps, battez le tofu avec les œufs et la noix de muscade. Faites chauffer votre four à 350 °F.

Dès que le riz a absorbé toute l'eau, versez-le dans un plat à gratin. Ajoutez la préparation à base de tofu et d'œuf. Mélangez bien et enfournez. Laissez cuire 20 minutes. Dégustez très chaud.

 UNE ASTUCE EN PLUS

La quantité d'eau nécessaire pour précuire le riz dépend de sa qualité. La moyenne se situe entre 1,5 et 2 fois le volume du riz. Vérifiez tout de même sur l'emballage du riz afin de ne pas avoir de mauvaise surprise.

RIZ AUX OIGNONS

Pour 4 personnes
Préparation : 5 minutes
Cuisson : 30 minutes

Ingrédients :
2 tasses de riz brun
1 oignon rouge
1 oignon jaune
1 oignon blanc
1 citron
1 c. à soupe de curry en poudre
2 c. à soupe d'huile d'olive
Sel et poivre

Épluchez les oignons et tranchez-les en lamelles.

Faites chauffer l'huile dans une grande poêle et mettez les oignons à dorer pendant 2 minutes. Puis salez légèrement, poivrez, ajoutez le curry, mélangez, couvrez, baissez le feu et laissez mijoter 15 minutes.

Ajoutez le riz dans la poêle. Pressez le citron. Allongez le jus d'eau pour obtenir 4 tasses de liquide. Versez dans la poêle, remuez et laissez cuire à découvert jusqu'à ce que le riz ait absorbé toute l'eau (environ 15 minutes). Dégustez très chaud.

 UNE ASTUCE EN PLUS
Vous pouvez varier à loisir les épices dans cette recette. Le curry est le plus simple, mais n'hésitez pas à préparer vos propres mélanges : gingembre, cannelle et cardamome ; cumin et paprika doux ; badiane, vanille et piment de Cayenne…

QUINOA AUX FRUITS DE MER ET AUX ALGUES

Pour 4 personnes
Préparation : 5 minutes
Cuisson : 30 minutes

Ingrédients :
200 g de quinoa
250 g de mélange de fruits de mer surgelés
3 c. à soupe d'algues mélangées déshydratées
3 gousses d'ail
1 citron
2 c. à soupe d'huile d'olive
10 branches de basilic
Sel et poivre

Épluchez l'ail et tranchez-le en lamelles. Prélevez les feuilles du basilic, rincez-les et ciselez-les. Pressez le citron et réhydratez les algues dans le jus pendant 2 ou 3 minutes.

Dans une poêle, faites chauffer l'huile et jetez-y l'ail. Laissez dorer 1 minute, puis ajoutez les fruits de mer. Salez légèrement, poivrez abondamment, ajoutez le jus de citron avec les algues, baissez le feu, couvrez et laissez cuire 10 minutes. Surveillez de temps en temps et rajoutez ½ verre d'eau si le mélange est trop sec.

Chauffez de l'eau salée dans une marmite et faites-y cuire le quinoa pendant 15 minutes. Égouttez-le et versez-le dans les fruits de mer. Parsemez le basilic ciselé, mélangez et laissez chauffer 3 minutes. Servez immédiatement.

 UNE ASTUCE EN PLUS
Avec une salade verte ou une assiette de crudités, ce quinoa aux fruits de mer constitue un repas complet tout à fait équilibré.

FLAN DE QUINOA AUX SAVEURS DU SOLEIL

Pour 4 personnes
Préparation : 10 minutes
Cuisson : 45 minutes

Ingrédients :
150 g de quinoa
1 courgette
½ poivron vert
½ poivron rouge
1 oignon jaune
3 œufs
200 g de tofu soyeux
1 c. à soupe d'huile d'olive
Sel et poivre

Préchauffez votre four à 350 °F.

Faites chauffer de l'eau salée dans une grande casserole, puis faites-y cuire le quinoa pendant 15 minutes. Égouttez et réservez.

Rincez la courgette, épluchez-la en gardant un lai de peau sur deux, puis coupez-la en petits dés. Rincez les poivrons, épépinez-les et tranchez-les en lamelles. Épluchez l'oignon et coupez-le en tranches fines.

Faites chauffer l'huile dans une poêle, puis jetez-y tous les légumes en même temps. Salez, poivrez, mélangez et laissez cuire 10 minutes.

Pendant ce temps, battez les œufs et le tofu soyeux.

Versez les légumes cuits dans un plat en terre allant au four. Ajoutez le quinoa, puis les œufs battus. Mélangez bien. Enfournez et laissez cuire 20 minutes. Servez chaud, tiède ou froid.

 UNE ASTUCE EN PLUS
Si vous cuisez ce flan dans un plat métallique, faites-le au bain-marie (dans un plat plus grand dont le fond est recouvert de 2 cm d'eau).

RECETTES IG THYROÏDE

DESSERTS IG LÉGER

FIGUES GRATINÉES AU GINGEMBRE

Pour 4 personnes
Préparation : 5 minutes
Cuisson : 10 minutes

Ingrédients :
8 belles figues fraîches
30 g de gingembre frais
3 c. à soupe de sirop d'agave

Faites chauffer votre four à 400 °F.

Rincez les figues, éliminez les pédoncules et fendez-les en croix. Séparez les quartiers sans les détacher complètement.

Arrangez les figues dans un plat allant au four.

Épluchez le gingembre et râpez-le. Mélangez-le avec le sirop d'agave. Répartissez cette préparation au centre des figues.

Enfournez et laissez cuire 10 minutes.

Servez chaud.

 UNE ASTUCE EN PLUS

Voila une vraie recette d'été. On ne peut pas la réussir avec des figues surgelées. Profitez-en lorsque les grosses figues vertes apparaissent sur les marchés. C'est un dessert simple, rapide à préparer et excellent à bien des égards. Servez avec une boule de sorbet au citron ou à la mangue.

BAVAROIS DE FRAMBOISES À LA ROSE ET AUX LITCHIS

Pour 4 personnes
Préparation : 10 minutes
Cuisson : 2 minutes
Réfrigération : 2 heures

Ingrédients :
4 tasses de framboises
entières surgelées
8 litchis
2 c. à soupe d'eau de rose
3 c. à soupe de sirop
d'agave
2 c. à thé d'agar-agar (4 g)

Mettez les framboises à décongeler dans un grand saladier, à température ambiante (comptez 2 heures).

Épluchez les litchis, dénoyautez-les et coupez-les en petits morceaux.

Lorsque les framboises sont complètement décongelées, ajoutez le sirop d'agave, l'eau de rose et les morceaux de litchis.

Mettez le tout dans une casserole et faites chauffer. Dès que le mélange frissonne, versez l'agar-agar et laissez cuire 1 minute en remuant sans cesse.

Puis versez la préparation dans un moule à cake et laissez refroidir à température ambiante pendant ½ heure. Puis mettez au réfrigérateur jusqu'à ce que la préparation soit bien gélifiée. Servez, coupé en tranches.

 UNE ASTUCE EN PLUS

Si vous préférez que votre flan soit bien ferme, augmentez un peu la quantité d'agar-agar. À l'inverse, si vous le préférez plus souple, diminuez-la.

Servez ce bavarois avec un petit bol de fromage blanc sucré au sirop d'agave.

FLAN DE PASTÈQUE AU BASILIC

Pour 4 personnes
Préparation : 10 minutes
Cuisson : 2 minutes
Réfrigération : 2 heures

Ingrédients :
½ pastèque
1 citron vert non traité
5 branches de basilic
2 c. à thé d'agar-agar (4 g)
2 c. à soupe de sirop d'agave

Prélevez la chair de la pastèque et éliminez les pépins. Rincez le citron vert, râpez son zeste, puis pressez-le et conservez le jus. Prélevez les feuilles du basilic et rincez-les.

Mettez la pastèque dans le bol de votre mixeur, avec les zestes et le jus du citron vert, le basilic et le sirop d'agave. Mixez pour obtenir une purée lisse.

Faites chauffer le tout dans une casserole. Dès que la préparation frissonne, ajoutez l'agar-agar et faites encore chauffer 1 minute en remuant sans arrêt.

Versez dans un moule à cake et laissez refroidir ½ heure à température ambiante. Puis mettez au réfrigérateur jusqu'à ce que la préparation soit bien gélifiée.

 UNE ASTUCE EN PLUS

Si vous êtes pressé, utilisez du basilic surgelé déjà ciselé. Si vous avez le temps, faites d'abord cuire le zeste de citron pendant 2 ou 3 minutes dans le sirop d'agave avant de l'incorporer à la purée de pastèque. Servez avec une boule de sorbet au citron vert.

FLAN DE PÊCHES À LA VANILLE

Pour 4 personnes
Préparation : 10 minutes
Cuisson : 20 minutes

Ingrédients :
4 pêches jaunes
3 œufs
150 g de tofu soyeux
1 bâton de vanille
2 c. à soupe de sirop d'agave

Faites chauffer votre four à 350 °F.

Épluchez les pêches, dénoyautez-les et coupez-les en tranches fines.

Battez les œufs avec le tofu et le sirop d'agave. Incisez la vanille sur toute sa longueur et récupérez les fines graines qui se trouvent à l'intérieur. Ajoutez-les dans les œufs battus.

Arrangez les pêches dans quatre ramequins allant au four. Versez par-dessus un peu de la préparation à base d'œuf.

Enfournez et laissez cuire 20 minutes. Servez tiède.

 UNE ASTUCE EN PLUS

Une autre version : remplacez le tofu soyeux par 250 ml de lait d'amande. Et parsemez la surface d'amandes effilées au moment de servir.

TERRINE DE POIRES AU GINGEMBRE

Pour 4 personnes
Préparation : 10 minutes
Cuisson : 3 heures

Ingrédients :
1 kg de poires
200 ml de canneberges séchées
30 g de gingembre frais

Faites chauffer votre four à 250 °F.

Épluchez les poires et coupez-les en tranches fines. Pelez le gingembre et râpez-le.

Arrangez un tiers des poires dans une terrine munie d'un couvercle allant au four. Par-dessus, étalez les canneberges séchées.

Ensuite, arrangez un autre tiers des poires, puis le gingembre râpé. Terminez avec le reste des poires.

Couvrez, enfournez et laissez cuire 3 heures. Laissez tiédir avant de servir.

 UNE ASTUCE EN PLUS

Ce mode de cuisson permet de préparer cette terrine sans sucre. Celui des poires suffit tout à fait à caraméliser les fruits. Le gingembre et les canneberges relèvent cette douceur.

Accompagnez cette terrine de fromage blanc sucré au sirop d'agave.

FRAISES AUX ÉPICES

Pour 4 personnes
Préparation : 10 minutes
Cuisson : 3 minutes

Ingrédients :
4 tasses de fraises
1 citron
1 orange
2 étoiles de badiane
1 gousse de vanille
1 bâton de cannelle
2 c. à soupe de sirop d'agave

Pressez l'orange et le citron. Mélangez les jus avec le sirop d'agave. Ajoutez la cannelle, la badiane et la gousse de vanille incisée sur toute sa longueur. Faites chauffer le tout 3 minutes, puis laissez refroidir à température ambiante.

Pendant ce temps, rincez les fraises, débarrassez-les de leur pédoncule et coupez-les en quartiers. Arrangez-les dans un saladier.

Lorsque le jus d'agrumes est tiède, retirez les épices et versez-le sur les fraises. Mélangez et mettez au frais jusqu'au moment de servir.

 UNE ASTUCE EN PLUS

Attendez que le sirop aux épices soit vraiment refroidi (à peine tiède) avant de le verser sur les fraises, car ce sont des fruits fragiles qui supportent mal la chaleur.

MOUSSE AUX FRUITS EXOTIQUES

Pour 4 personnes
Préparation : 10 minutes
Cuisson : 2 minutes
Réfrigération : 2 heures

Ingrédients :
1 mangue
2 kiwis
3 c. à soupe de sirop d'agave
3 blancs d'œufs
1 petit pot de yogourt
1 citron
1 c. à thé d'agar-agar (2 g)
1 pincée de bicarbonate

Épluchez la mangue, ôtez son noyau, pelez le kiwi, puis mixez-les finement avec le petit-suisse.

Montez les blancs d'œufs en neige ferme avec une pincée de bicarbonate. Incorporez-les très délicatement à la purée de fruits.

Pressez le citron. Dans son jus, ajoutez le sirop d'agave. Faites-le chauffer dans une casserole. Dès qu'il frissonne, ajoutez l'agar-agar et laissez cuire 2 minutes en remuant sans cesse.

Ajoutez cette préparation dans la mousse, mélangez doucement et mettez immédiatement au réfrigérateur pendant 2 heures. Dégustez très frais.

 UNE ASTUCE EN PLUS

Ne jetez pas les jaunes d'œufs. Conservez-les au réfrigérateur sous un film alimentaire. Vous pourrez les utiliser le lendemain, pour préparer un gratin de légumes par exemple.

YOGOURT AUX POMMES ET AUX ÉPICES

Pour 4 personnes
Préparation : 10 minutes
Pas de cuisson

Ingrédients :
1 pomme verte
4 petits pots de yogourt
½ c. à thé d'épices mélangées (gingembre, cannelle, anis...)
3 c. à soupe de sirop d'agave
1 poignée de cerneaux de noix brisés

Versez les yogourts dans un petit saladier. Ajoutez les épices et le sirop d'agave. Mélangez bien.

Épluchez la pomme, épépinez-la et râpez-la. Ajoutez dans la préparation, ainsi que les cerneaux de noix.

Remplissez quatre jolies coupes individuelles et conservez au frais jusqu'au moment de servir.

 UNE ASTUCE EN PLUS

Décorez chaque coupe avec un peu de gingembre confit découpé en lamelles. N'exagérez pas, car c'est très sucré. Mais quelques grammes par portion ne perturberont ni votre équilibre glycémique ni votre thyroïde.

PANNA COTTA À LA VERVEINE

Pour 4 personnes
Préparation : 10 minutes
Cuisson : 2 minutes
Infusion : 10 minutes
Réfrigération : 2 heures

Ingrédients :
350 ml de fraises gariguettes
300 ml de lait d'amande
200 ml de crème d'amande
2 c. à thé d'agar-agar (4 g)
1 poignée de feuilles de verveine citronnée
4 c. à soupe de sirop d'agave

Faites chauffer le lait d'amande. Dès qu'il frissonne, retirez-le du feu et plongez-y la verveine. Laissez infuser 10 minutes puis retirez les feuilles.

Mélangez ce lait d'amande aromatisé avec la crème d'amande et 2 c. à soupe de sirop d'agave. Faites chauffer à nouveau. Dès que le mélange frissonne, ajoutez l'agar-agar et laissez cuire 1 minute sans cesser de remuer.

Versez dans des verrines individuelles et laissez tiédir à température ambiante pendant 30 minutes. Puis mettez au réfrigérateur pendant 2 heures.

Rincez les fraises, équeutez-les et coupez-les en quartiers. Mélangez avec le reste du sirop d'agave et conservez au frais.

Au moment de servir, déposez 2 ou 3 cuillerées de fraises sur les verrines.

 UNE ASTUCE EN PLUS
Vous pouvez préparer ce dessert en toute saison, en faisant varier les fruits : billes de melon ou quartiers d'abricots en été, tranches de figues ou cubes d'ananas en hiver...

COMPOTÉE D'ABRICOTS AUX FLEURS

Pour 4 personnes
Préparation : 5 minutes
Cuisson : 20 minutes

Ingrédients :
1 kg d'abricots frais
1 c. à soupe d'eau de fleur d'oranger
1 c. à soupe d'eau de jasmin
1 c. à soupe de pétales de fleurs de saison (roses, violettes, pensées, soucis...)

Rincez les abricots et dénoyautez-les. Coupez-les en quartiers.

Mettez-les dans une cocotte avec l'eau de fleur d'oranger et l'eau de jasmin. Mélangez et laissez cuire, à couvert, à tout petit feu pendant 20 minutes.

Lorsque les abricots sont fondants, répartissez-les dans des coupes individuelles et parsemez les pétales de fleurs. Conservez à température ambiante jusqu'au moment de servir.

 UNE ASTUCE EN PLUS

Vous pouvez aussi préparer ce dessert avec des moitiés d'abricots surgelées. Dans ce cas, prolongez un peu la cuisson et terminez à découvert pour éliminer l'excédent d'eau. Ne rangez pas ce dessert au réfrigérateur, car il perdrait de sa saveur. Préparez-le au maximum 1 ou 2 heures avant le repas et conservez-le à température ambiante.

Vous trouverez l'eau de jasmin en boutiques de produits diététiques.

TABOULÉ AUX FRUITS D'ÉTÉ

Pour 4 personnes
Préparation : 10 minutes
Pas de cuisson
Macération : 2 heures

Ingrédients :
290 ml de couscous
1 orange
1 citron
3 abricots
2 pêches
½ melon
10 branches de menthe
1 c. à soupe de noisettes brisées
3 c. à soupe de sirop d'agave
¼ de c. à thé de cannelle moulue
¼ de c. à thé de gingembre moulu

Pressez l'orange et le citron. Prélevez la chair du melon. Détachez les feuilles de la menthe et rincez-les. Mettez le tout dans le bol de votre mixeur, avec le sirop d'agave et les épices. Mixez pour obtenir une purée pas trop lisse.

Versez la préparation dans un saladier et ajoutez les graines de couscous. Mélangez et mettez au réfrigérateur. Laissez macérer 1 heure, en remuant de temps en temps à la fourchette pour séparer les grains.

Pendant ce temps, rincez les abricots, dénoyautez-les et coupez-les en dés. Épluchez les pêches, dénoyautez-les et détaillez-les en petits cubes.

Ajoutez les fruits et les noisettes au taboulé, mélangez et laissez encore macérer 1 heure. Servez frais.

 UNE ASTUCE EN PLUS
Pour une saveur encore plus méditerranéenne, ajoutez 1 c. à soupe d'eau de fleur d'oranger dans la préparation où vous faites gonfler la graine.

ANNEXES

Table glycémique

À propos de L'IG :

Entre 0 et 55, il est bas.

Entre 56 et 69, il est moyen : vous pouvez consommer, mais avec modération.

Entre 70 et 100, il est élevé.

Mon avis :

☹ = à éviter.

😐 = à limiter.

☺ = bon.

☺☺ = top IG thyroïde !

ALIMENT	IG (INDEX GLYCÉMIQUE)		NOTE IG THYROÏDE + MON AVIS PONCTUEL
Abats	0	😠	Ne pas abuser.
Abricot frais	57	😊😊	Vitaminé et antioxydant.
Abricot sec	31	😊	À choisir de bonne qualité et peu sucré.
Agar-agar	15	😊😊	Coupe-faim efficace.
Ail	0	😊😊	À partager avec son partenaire (haleine).
Airelles	25	😊😊	Antioxydant puissant.
Alcool	0 (sauf bière, cidre et alcool sucrés attention !)	😦	En quantité modérée.
All-Bran (Kellogg's)	51	😊	Intéressant ponctuellement le matin si l'on est pressé.
Amande, noisette, noix, noix de cajou, cacahuète, pignon de pin, pistache	15	😊😊	En petites quantités, agrémentent les salades et autres plats.
Amarante	35	😊	Des « bons gras ».
Ananas			
– frais	45	😊	Oui. Vitaminé et antioxydant.
– boîte	65	😦	Beaucoup trop sucré.
Artichaut	20	😊😊	Vitaminé et antioxydant.
Asperge	20	😊😊	L'odeur « pipi caoutchouc » est normale (élimination urinaire d'un acide aminé soufré). Vitaminée et antioxydante.
Aubergine	0	😊😊	Surtout pas frite. Vitaminée et antioxydante.
Avocat	10	😊😊	Sans mayonnaise il est déjà assez gras.
Avoine	40	😊😊	Tous les deux
– son	55	😊😊	sont de bons coupe-faim.
Baies de goji	25	😊	Antioxydant surpuissant.

ALIMENT	IG (INDEX GLYCÉMIQUE)	NOTE IG THYROÏDE + MON AVIS PONCTUEL	
Banane			
– verte	45	☺	
– mûre	60	☻	Le goût change en raison de la modification de la qualité des sucres, sans pour autant qu'il y en ait plus, mais leur vitesse d'assimilation augmente dangereusement !
Banane plantain (cuite)	70	☹	
Barres céréales (type muesli)	61	☻	Ponctuellement les matins « en retard » ou lors d'efforts physiques prolongés.
Barres chocolatées	65	☹	
Beignet	76	☹	Penser à s'essuyer correctement les doigts, c'est gras ! Ou à éviter, c'est plus simple.
Betterave			
– cuite	64	☻	
– crue râpée	30	☺	Inhabituel mais très intéressant au goût, maîtriser l'assaisonnement.
Beurre	0	☻	Avec modération (cru le matin sur les tartines).
Bière	100	☹	Pas de bière sans alcool !
Biscottes	69	☹	Elles ont l'avantage de se conserver sans difficulté dans le placard et permettent de toujours avoir quelque chose à manger le matin. Mais le pain est préférable.
Blé			
– grain complet	45	☺	
– semoule seule	60	☹	
– couscous complet (avec légumes, pois chiches…)	58	☺	

219

ALIMENT	IG (INDEX GLYCÉMIQUE)	NOTE IG THYROÏDE + MON AVIS PONCTUEL	
– boulgour	48	☺	
Blette	15	☺☺	Rébarbatif à première vue (surtout pour les enfants) mais bien agrémentée, c'est délicieux.
Blini	69	☹	
Bœuf (steak, haché)	0	☺	Qualité indispensable !
Bonbon	78	☹	Sans commentaire !
Brioche	70	☹	À faire soi-même (ponctuellement), avec de bons ingrédients. C'est plus long mais tellement meilleur.
Brocoli	13	☺☺	Vitaminé et antioxydant.
Brugnon	35	☺	Vitaminé et antioxydant.
Cabillaud	0	☺☺	
Cacahuète – à grignoter	14	😬	Attention aux quantités, on se fait souvent piéger.
– beurre	40	😬	
Cacao en poudre (non sucré)	20 à 25	☺	
Café sans sucre	0	☺	Maxi 3 ou 4 tasses/jour.
Calamars	0	☺	
Canard	0	☺	De qualité, bien entendu.
Canneberge ou cranberry	45	☺☺	Antioxydant.
Carotte – crue	15	☺☺	Pas de carottes râpées du commerce, beaucoup trop riches en graisses, sel et additifs délétères. Et ça prend 2 minutes à faire soi-même…
– cuite	30	☺☺	Vitaminée et antioxydante.
– en boîte	49	☺	

ALIMENT	IG (INDEX GLYCÉMIQUE)	NOTE IG THYROÏDE + MON AVIS PONCTUEL	
Cassis	16	☺☺	Antioxydant.
Cassoulet	34	☺	Maison, cela va de soi. En conserve, très ponctuellement et à bien choisir.
Céleri			
– branche	15	☺☺	Vitaminé et antioxydant.
– rave	30	☺☺	Vitaminé et antioxydant.
Céréales germées	15	☺☺	
Cerise	22	☺☺	20 % de glucides, donc très riche en sucres, attention aux quantités.
Champignons	15	☺☺	Voir p. 108.
Charcuterie (andouille, saucisse, saucisson)	0	😐	Si pauvre en sel et dégraissée.
		☹	Si grasse et/ou fumée, type andouillette, rillettes, pâtés…
Châtaigne	61	😐	Éviter la crème de châtaignes sucrée !
Chips	57 à 70 (selon type de produit)	☹	Jamais, et surtout pas les « allégées » qui sont un leurre : leur teneur en mauvaises graisses reste très élevée.
Chocolat noir	20 à 25 (plus il est noir, plus son IG est bas)	☺	2 carrés par jour, 70 % cacao minimum.
Chocolat au lait	41 à 50 (selon marque)	😐	Prudence !
Choux (tous, y compris brocoli, chou-fleur, de Bruxelles, coleslaw, choucroute)	15	☺☺	Vitaminés et antioxydants.
Cidre	40	😐	

221

ALIMENT	IG (INDEX GLYCÉMIQUE)		NOTE IG THYROÏDE + MON AVIS PONCTUEL
Citron	0 (filet), 15 (plus grande quantité ou fruit entier)	☺☺	Voir p. 108.
Clémentine	30	☺	Vitaminée et antioxydante.
Cœur de palmier	20	☺☺	
Coing	35	☺☺	Excellent en gelée.
Colas	57 à 70 (selon marque)	☹	Doivent rester l'exception.
Compote (sans sucre ajouté)	35	☺	Maison, c'est simple à cuisiner et tellement meilleur.
Compote (avec sucre)	60	☹	Trop de sucre !
Concombre	0	☺☺	Vitaminé et antioxydant.
Confiture			
– allégée en sucre	45	☺	
– classique	65	😐	
Coquillages (praires, huîtres, moules, coques…)	0	☺☺	Voir p. 109.
Corn-flakes, Spécial K et autres céréales du petit déjeuner	70 à 85	☹ (sauf muesli : ☺)	Trop de sel, trop de sucre, assimilation trop rapide.
Cornichon	0	☺☺	
Courgette	0	☺☺	Vitaminée et antioxydante.
Crème fraîche	0	☺	OK si légère, en très petite quantité.
Crêpes	67 à 100	☹	Sauf si « améliorées » avec son d'avoine.
Crevette	0	☺☺	Voir p. 110.

ALIMENT	IG (INDEX GLYCÉMIQUE)	NOTE IG THYROÏDE + MON AVIS PONCTUEL	
Croissant, brioche, viennoiserie	70	☹	Généralement à éviter.
Crumpets (pour le petit déjeuner)	69	☹	
Datte	80 à 97 (selon marque, sucre ajouté…)	☹	
Dinde	0	☺☺	
Eau	0	☺☺	
Endive	10	☺☺	Ah les chicons ! Elles peuvent s'agrémenter de mille façons, pensez-y.
Épices & aromates (cannelle, fines herbes…)	0 à 4	☺☺	Antioxydantes +++.
Épinards	15	☺☺	Y compris surgelés « nature ». Vitaminés et antioxydants.
Farine de blé			
– complète	45	☺	
– semi-complète	60	😐	
– blanche	85	☹	
Fenouil	15	☺☺	Vitaminé et antioxydant.
Fève	79	😐	
Figue fraîche	35	☺	Attention aux quantités. Voir p. 110.
Figue sèche	45 à 61 (selon marque, ajout de sucre, etc.)	😐	Attention, beaucoup de sucre.
Flageolet	25	☺☺	Vitaminé et antioxydant.
Flan classique	65	☹	
Flan à l'agar-agar	35	☺☺	Nettement mieux que le flan « lambda ».

ALIMENT	IG (INDEX GLYCÉMIQUE)	NOTE IG THYROÏDE + MON AVIS PONCTUEL	
Foie	0	☺	
Foie gras	0	😐	En petite quantité, pour le plaisir du palais.
Fraise	25	☺☺	Vive celles d'été pour le goût !
Framboise	25	☺☺	Antioxydante et vitaminée.
Fromage	0	😐	
Fromage blanc, yogourt	30 à 35	☺☺	Pas de 0 %, inutile et donne trop « bonne conscience ». Le 40 % est trop gras. Le 20 % est un bon compromis.
Fruit de la passion	30	☺	Vitaminé et antioxydant.
Fruits de mer (coquillages, crustacés)	0 à 5	☺☺	Avec un filet de vinaigre à l'échalote ou un jus de citron. Voir p. 109.
Fruits rouges et noirs (framboise, groseille, myrtille, cassis…)	0	☺☺	Antioxydants et vitaminés. Voir p. 111.
Galette de riz soufflé	82	☹	
Gambas	0	☺☺	
Gâteau maison (classique, aux fruits ou au chocolat, quatre-quarts…)	Environ 50	😐	Exceptionnellement.
Gaufre	76	☹	
Gaufrette (chocolat, café, vanille)	77	☹	
Gélatine	0	😐	
Gibier	0	☺	
Gingembre	12	☺☺	Fortement anti-inflammatoire et bon pour la santé.

ALIMENT	IG (INDEX GLYCÉMIQUE)	NOTE IG THYROÏDE + MON AVIS PONCTUEL	
Glace et sorbet			Avec modération (éviter garniture de crème chantilly, coulis de fruits…).
– classique	60	😐	
– au fructose	36	😐	
Glace allégée en matières grasses	40 à 50	😐	Avec modération.
Graines de pavot	35	☺	
Graines de sésame	35	☺	
Graines germées (tous types)	15	☺☺	Riches en nutriments.
Grenade	35	☺	Antioxydante et vitaminée.
Groseille	25	☺☺	Antioxydante et vitaminée.
Haddock	0	☺☺	Attention au sel. Voir p. 111.
Haricots secs (tous : flageolets, haricots rouges, blancs…)	30 à 40	☺☺	Les haricots secs cuits à l'eau sont toujours préférables à ceux en conserve, à l'IG supérieur.
Haricots verts	0	☺☺	
Herbes (persil, menthe, ciboulette, laurier, thym, romarin…)	Voir « épices »	☺☺	Antioxydantes, permettent de limiter l'apport en sel. Voir p. 112.
Huiles (olive, colza…)	0	☺☺	Avec modération (en filet sur crudités et plats chauds).
Igname	65	☹	
Jambon (cru ou cuit)	0	☺	Très salé, donc prudence.

Le Régime thyroïde IG

ALIMENT	IG (INDEX GLYCÉMIQUE)		NOTE IG THYROÏDE + MON AVIS PONCTUEL
Jus de fruits		😐	À éviter d'une façon générale (sauf citron) : 1 verre = au moins 3 fruits, question quantité de sucre, les fibres en moins…
– ananas	46	😐	
– canneberge	58	☹	
– citron (sans sucre)	20	😊😊	
– orange	50	😐	
– pamplemousse	48	😐	
– pomme	40	😐	
Jus de légumes			
– carotte	43	😐	
– tomate	38	😊	
Ketchup	55	☹	
Kiwi	58	😊	Vitaminé et antioxydant.
Lait chocolaté	34	😐	
Lait concentré sucré	61	☹	Du « pur sucre/pur gras » pas acceptable.
« Lait » d'amande	30	😊	
« Lait » de coco	42	😐	
« Lait » de soya	35	😊	Avec modération.
Lait	Environ 30	😊	Avec modération. Le lait est un aliment, non une boisson.
Lentilles			
– maison	22 à 30	😊😊	
– en boîte	52	😊	
Levure	35	😐	
Litchis			
– frais	50	😐	
– en boîte	79	☹	Beaucoup trop sucrés.
Maïs (en boîte)	80	☹	

ALIMENT	IG (INDEX GLYCÉMIQUE)	NOTE IG THYROÏDE + MON AVIS PONCTUEL	
Maïzena	68	☺	
Mangue	51	☺	Antioxydante et vitaminée.
Maquereau	0	☺☺	Oméga 3.
Margarine	0	😐	Attention aux quantités. Autre question : représentent-elles un réel intérêt en regard du beurre ?
Mayonnaise			Très gras.
– maison ou artisanale	0	☹	
– industrielle (additifs sucrés)	50	☹	
Melon	67	☺	Vitaminé et antioxydant.
Miel	Voir « sucre »		
Millet	71	☹	
Muesli (complet, sans sucre ajouté)	39	☺	
Mûre	25	☺☺	Antioxydante et vitaminée.
Myrtille	25	☺☺	Antioxydante et vitaminée. Fraîche et sauvage, excellente.
Navet	30 (cru) à 50 (cuit)	☺☺	Vitaminé et antioxydant.
Nectarine	35	☺	Vitaminée et antioxydante.
Noisette, noix	Voir « amande »		Voir aussi p. 115.
Noix de coco	42	☺	Avec modération.
Nougat	32	☺	Avec modération.
Nutella	55	☹	Trop gras, trop sucré.
Œuf	0	☺☺	Voir p. 116.
Oignon	15	☺☺	Voir p. 116.
Olive	15	☺	Avec modération (sel).
Orange	35 à 40 (selon variété)	☺	Rappel : moins bien en jus, ce n'est plus du tout la même chose !

ALIMENT	IG (INDEX GLYCÉMIQUE)	NOTE IG THYROÏDE + MON AVIS PONCTUEL	
Oseille	15	☺☺	Vitaminée et antioxydante.
Pain			De préférence chez le boulanger et non « industriel ».
– au lait	63	☹	
– à hamburger, de mie	85	☹	
– azyme	40	☹	
– blanc, baguette	70 à 85	☹	
– aux 6 ou 9 céréales et graines	40 à 57	☺☺	
– complet, au levain	65	☺☺	Avec modération.
– complet, au levain grillé	45	☺	
– pain noir (pumpernickel)	41	☺☺	
– pita	57	😐	Avec modération.
– bagels	71	☹	
Pain au chocolat	65	☹	Trop gras, trop sucré, contient souvent des acides gras trans.
Pamplemousse	25	☺☺	Vitaminé et antioxydant. Voir p. 117.
Pancake (préparation à faire soi-même)	102	☹	
Papaye	56	☺☺	Vitaminée et antioxydante.
Pastèque	72 (mais charge réelle glycémique faible car fruit très riche en eau)	😐	Avec modération.
Patate douce	50	☺	Vitaminée et antioxydante.

ALIMENT	IG (INDEX GLYCÉMIQUE)	NOTE IG THYROÏDE + MON AVIS PONCTUEL	
Pâtes			
– complètes/ semi-complètes	49	☺	Voir p. 118.
– lasagnes	75	☹	
– macaronis	45	☺	
– linguines	45 à 50	☺	
– nouilles	70	😐	
– gnocchis (à base de farine de pomme de terre)	68	😐	
– spaghettis complets	38	☺	Avec modération.
– spaghettis al dente	40	☺	Avec modération.
– spaghettis très cuits	65	😐	
– raviolis	39	☺☺	
Pêche			
– nature	35	☺	Vitaminée et antioxydante.
– en boîte	60	☹	Trop sucré.
Petit pois			
– frais	30	☺☺	Vitaminé et antioxydant.
– en boîte	48	☺	
Pesto	15	☺☺	Intéressant en assaisonnement, d'autant que les quantités utilisées restent modestes.
Pignon de pin	Voir « amande »		
Piment	16	☺☺	Antioxydant.
Pistache	Voir « amande »		
Pizza pâte fine	30	☺	

ALIMENT	IG (INDEX GLYCÉMIQUE)	NOTE IG THYROÏDE + MON AVIS PONCTUEL	
Pizza « épaisse » avec fromage, garniture abondante…	60	☹	Éviter particulièrement les 4 fromages et les parts XXL.
Poire			
– nature	38	☺☺	Vitaminée et antioxydante.
– en boîte	44	☺	Comme tous les fruits en boîte : beaucoup de sucre.
Poireau	15	☺☺	Vitaminé et antioxydant.
Pois cassé	32	☺☺	
Pois chiche nature			
– cuit maison	28	☺☺	
– en boîte	40	☺	Avec modération.
Poissons en général	0	☺☺	Si « nature » ! Le poisson pané, par exemple, possède un IG de 38. Pas énorme, mais bien supérieur à 0 ! Donc, à éviter.
Poivron	14	☺☺	Antioxydant (le rouge est plus riche en vitamines).
Polenta	68	😐	Avec modération.
Pomme	38	☺☺	Oui. Voir p. 118.
Pomme séchée	29	☺☺	Généralement séchées « nature » elles ne sont pas enrichies en sucre.
Pomme de terre			
– vapeur ou à l'eau avec la peau	65	😐	Avec grande modération.
– au four	90	☹	
– en purée	80 à 90 (flocons	☹	À la rigueur maison, exceptionnellement, avec des légumes verts.
– frites	75 à 95	☹	Beaucoup trop grasses.

ALIMENT	IG (INDEX GLYCÉMIQUE)	NOTE IG THYROÏDE + MON AVIS PONCTUEL	
Pop-corn	79	☹	À fuir sans modération !
Potiron	75	☺	Vitaminé et antioxydant.
Poulet	0	☺☺	Fermier uniquement. Voir p. 119.
Pousse de bambou	20	☺☺	
Prune (mirabelle, reine-claude, quetsche…)	39	☺☺	Vitaminée et antioxydante.
Pruneau	30	☺	Avec modération.
Quinoa	35	☺☺	Voir p. 120.
Radis	15	☺☺	Vitaminé et antioxydant.
Raifort	15	☺☺	
Raisin	53	😐	Parmi les fruits les plus sucrés (20 %) et les grappes sont rapidement lourdes. Prudence !
Raisin sec	65	😐	Très exceptionnellement, au milieu d'autres aliments.
Ratatouille	20	☺☺	Vitaminée et antioxydante.
Rhubarbe	10	☺☺	Limiter l'ajout de sucre, mieux vaut adoucir avec d'autres fruits.
Riz			
– au lait (dessert)	75	😐	À éviter.
– basmati	50	☺	
– basmati complet	45	☺☺	
– blanc standard	70 à 92 (autocuiseur)	☹	
– complet brun	50	☺	Voir p. 120.
– cuisson rapide	85	☹	La préparation industrielle en modifie trop les qualités nutritionnelles.
– glutineux (sushis)	90	☹	

ALIMENT	IG (INDEX GLYCÉMIQUE)	NOTE IG THYROÏDE + MON AVIS PONCTUEL	
– long	60	😐	
– sauvage	35	😊😊	
– jasmin	95	😣	
– risotto	70	😐	À éviter.
Rouget	0	😊😊	
Salade verte (toutes : laitue, chicorée, romaine, batavia…)	10	😊😊	Vitaminée et antioxydante.
Salade composée (maison, avec majorité de légumes verts et secs type lentilles)	Selon (mais généralement très bas)	😊😊	Éviter sauces du commerce, généralement sucrées. Assaisonnement recommandé : filet d'huile d'olive + vinaigre/citron + sel + poivre + fines herbes.
Salsifis	30	😊😊	Uniquement si l'on aime !
Sardine	0	😊😊	
Sauce tomate			
– maison (sans sucre)	35	😊😊	
– industrielle (avec sucre)	45	😊	
Saucisse	28	😐	Avec modération (préférer cuisson à l'eau plutôt que grillée).
Saumon	0	😊😊	Le roi des oméga 3. Voir p. 121.
Seiche	0	😊😊	
Sirop d'agave	15	😊	Voir p. 121.
Sirop d'érable	65 (mais jamais consommé seul donc IG moyen en final)	😊	Aliment intéressant : polyphénols antioxydants +++.

ALIMENT	IG (INDEX GLYCÉMIQUE)	NOTE IG THYROÏDE + MON AVIS PONCTUEL	
Scones	92	☹	
Sodas	70	☹	Prohibés. Sucre en forte quantité et d'assimilation ultrarapide.
Soya (et tofu, lait de soya)	15 à 25 (selon préparation)	☺☺	
Soupes en général (maison, avec majorité de légumes verts et secs type lentilles ou très riches en protéines, type soupes de poisson, bouillabaisses)	Selon (mais généralement très bas)	☺ à ☺☺	Tout dépend des ingrédients. Éviter de mixer. Plus il reste de morceaux, plus l'IG est bas. Pas de soupes en sachets « déshydratées », ou en briques.
Sucre			
– blanc classique (saccharose)	70	☺	Avec modération.
– fructose	20	☺☺	Avec modération.
– glucose	100	☹	Besoins médicaux seulement.
– maltose (bière)	110	☹	Vérifier particulièrement la composition des boissons sans alcool, type bière.
– miel	60 (sur pain) à 87 (seul)	☺	Avec modération.
Surimi	50	☹	Sauf exception, préférer en toutes circonstances du poisson « normal ».
Sushi	50	☺	Avec modération.
Tacos	68	☹	
Tapioca	81	☹	
Thé	0	☺☺	

233

ALIMENT	IG (INDEX GLYCÉMIQUE)	NOTE IG THYROÏDE + MON AVIS PONCTUEL	
Thon	0	☺☺	
Tisanes	0	☺☺	
Tomate	25	☺☺	Vitaminée et antioxydante.
Viande en général	0	☺☺	
Vinaigre	0	☺☺	
Yogourt			Pas de yogourt aromatisé, y compris allégé 0 %.
– nature	Environ 30	☺☺	Voir p. 122.
– sucré (y compris à l'aspartame, stévia, etc.)	Environ 30 à 40	☺	Avec modération (attention aux additifs, édulcorants en tout genre…).
Yogourt soya	20	☺	

Index

TABLE

DES MATIÈRES